# ボランティアの原点

## 助け合い・支え合い・分かち合う心

編著
阿木幸男

野本三吉
原田燎太郎
神谷さだ子
斎藤懸三

# まえがき

一九九五年、阪神・淡路大震災直後、「ボランティア・ブーム」が起きた。それを契機にボランティアへの関心は広がったが、欧米と比較すると、参加者の割合はまだまだ低い。アメリカでは、約二五％の高校生がボランティア体験をしているが、日本では一〇％程度である。

この数年、書店には「ボランティア・コーナー」、「ＮＧＯ・ＮＰＯコーナー」が登場し、ボランティア関係の書籍の刊行が増加した。その大半はハウ・トゥーものや、ボランティアの良さ、すばらしさに焦点をあてたものである。

ボランティアの認知が広がり、より多くの人々が関心を示すようになることは結構なことである。ただ、ボーダー・レス的にボランティアの枠が広がり、ほとんど「何でもあり」という風潮には懸念を感じる。

「ボランティアって何か？」を問い直し、ボランティア体験の反省面から、考えてみるというのも必要である。本書のねらいはそうした点にある。

執筆者は四人の方にお願いした。斎藤懸三さんとは、学生時代、フレンズ国際ワークキャンプ（ＦＩＷＣ）東海委員会で障害をもつ人たちの施設でワーク・キャンプをしていた頃、知り合った。

卒業後、障害をもつ人たちと障害をもたない人たちが共に生きる生活共同体、「わっぱ」を始めた。現在では、約一八〇人の人たちが関わる。NPO法人「わっぱの会」の理事長を務める。全国の障害をもつ人たちのネットワークづくりのみならず、ベトナム、韓国、中国の障害をもつ人たちと共に生きるグループ、団体との交流計画を進めている。

神谷さだ子さんとは「日本チェルノブイリ連帯基金」（JCF）活動を通じて、約一六年間のお付き合いである。二〇〇九年八月の北イラク視察旅行、一一月のチェルノブイリ原発後遺症に苦しむベラルーシの人々との交流・調査視察ツアーで同行した。もっとも数多く、現地に足を運んだ人であり、各地の人たちに信頼され親しまれている。

原田燎太郎さんは「フレンズ国際ワークキャンプ関東委員会」の仲間であり、二〇〇二年以来のお付き合いである。現在、中国の広州に在住し、中国NGO「家」（JIA）の事務局長を務める。ハンセン病快復者の支援ワークキャンプ活動を精力的に展開している。

野本三吉さんとは一九六八年、「共同体研究会」、『月刊キブツ』の集いで知り合ったと記憶している。約四二年間のお付き合いである。誠実に人々と接し、常に社会的に「困難かつ弱い立場」にある人々の側に立って考え、行動をしてきた方である。

それぞれの活動、それぞれのアングルからの活動の振り返り、提言が少しでも参考になればと思う。

阿木幸男

ボランティアの原点◎もくじ

## 第2章 チェルノブイリ　母なる大地
### ――医療支援活動の一九年間

神谷さだ子



## 第3章 ボランティアと社会的協同組合

斎藤懸三

## 第4章 ライフワークとしてのボランティア

阿木幸男

## 終章　〈対談〉ボランティアってどういうこと？　野本三吉・阿木幸男

# 序章

## 対談

# 不況の時代のボランティアを考える

野本三吉・阿木幸男

**阿木**　前回のボランティア対談からおよそ一〇年が過ぎました。野本さんは二〇〇一年に神奈川県から沖縄に移住し、沖縄大学で教えています。

二〇〇一年九月一一日の「同時多発テロ事件」、同年一〇月には米軍によるアフガン攻撃、二〇〇三年三月にイラク戦争が始まり、そして二〇〇八年秋の「サブプライム・ローン崩壊」による百年に一度といわれる不況と、世界の状況はますます厳しさを増しています。日本では失業者が急増し、追いつめられた生活者の数が増えています。生きにくさを感じる人たちの叫びに似た声を耳にします。

現在の沖縄の状況そしてボランティア活動はいかがですか。

**野本**　百年に一度の不況といわれていますが、沖縄では戦後、一貫して不況です。二〇〇九年四月の完全失業率は本土の二倍の七・七〇％を記録しています。

日本全体の平均所得は約四〇〇万円で、その半額の二〇〇万円以下の人たちは貧困層と呼ばれます。しかし、沖縄県民の平均所得は一九八万円、母子世帯は一六二万円。沖縄では半数の人たちが貧困層ということになります。

他の指標として、たとえば平均月収では本土と比較して約一〇万円の違いがあり、小学校のクラスでは五人に一人が就学援助を受けています。沖縄ではずっと、経済的に苦しい状況が続いていますが、本土でも二〇〇八年暮れ以降、「沖縄的な状況」が現れてきたという気がします。

沖縄ではこうした厳しい状況の中でも、なぜ、子どもを育てられるのか……。

**阿木**　生活が苦しいのに、それでも次世代を担う子どもを他県より多く生み、育てていることに関心があります。合計特殊出生率を見ると、全国平均が一・三七人なのに対し、沖縄では一・九人ですね。生活が苦しいと出産、子育てをあきらめる夫婦が一般的なのですが。

**野本**　そうなんです。沖縄では生活が苦しくても出産し、子育てをしています。本土では考えられない現象です。沖縄での生活保護申請者も急増し、八・二％に上ります。しかし申請者の約八割は審査で落とされ、一八％の申請者しか生活保護を受けられていない現状です。その背景には、審査の厳しさや、福祉事務所の担当者がプライベートなことまで根掘り葉掘り聞くなど、申請者が躊躇せざるを得ない心境に追い込まれることもあるようです。

ぼくは、これまでの社会保障の考えはおかしいのではないか、間違っているのではないかと思うようになりました。沖縄の人々の苦しい生活をつぶさに見てきて、全国民に最低限の生活保障をすることが必要だと感じています。そこで「ベーシック・インカム」（Basic income）という考えに興味を持っています。

**阿木**　「ベーシック・インカム」とはどのような考えなのでしょうか。沖縄での現状を救済するものなのでしょうか。

**野本**　「ベーシック・インカム」は「社会賃金」と呼ばれるもので、「児童手当」、「教育費支援」などにあたります。具体的に言えば、子どもについては一五歳まで一人七万円を、大人一人には一〇万円を全員に支給し、最低限の生活保障をするというものです。「最低限」という表現には問題があるかもしれませんが。この「ベーシック・インカム」を実施する財力は日本にあります。

**阿木**　そうすると、「社会保障」を根本的に見直すということになりますね。これまでの「労働」の概念、会社や役所などで働いて、給与をもらうという「賃金労働」という考えを転換しなければなりません。社会の中で「働く」とはどういうことなのでしょうか。

**野本**　これまでは賃金労働だけを労働と捉えてきました。家で子どもを育てている人たちの「子育ての仕事」は「私的な仕事」と見なされ、労働とは捉えられていませんでした。しかし、「出産・子育て」という仕事は個人的(私的)なものなのでしょうか。あるいは公的(社会的)なものなのか。

よく、子どもは「社会の財産」と呼ばれます。しかし、出生率はどんどん低下し、子どもの数は減少しています。このままでいくと、七五年後の二〇八五年には、子どもの数はゼロになる計算です。

ぼくは沖縄に移住して、四五の離島を回りました。どこでも子どもがいなくなると村は活気を失い、島はつぶれていきます。たとえば大神島では、現在の人口は三五人で、子どもはゼロ。老人だけの島です。子どもがいなくなると、人々は将来の希望がなくなり、生きていく気力も失ってしまうのです。

そうした大切な「子どもを育てる」ということを個人の責任にしていいのでしょうか。「子育て」は公的な仕事のはずです。国が援助し、みんなで子育てを応援していくことが重要だとぼくは考えています。「子育て」に関することは仕事であり労働です。みんなが応援していくことが必要な大事な仕事ではないでしょうか。

**阿木**　お互いに助け合い、支え合うという観点から見た場合、ボランティア精神はどのようにしたら、育つと思いますか。もともとボランティアは、人々に生活の上で余裕ができて、そのエネルギーと時間を他の人たちのために使う、そのことでボランティア自身はやりがい、生きがいを感じ、ボランティアされる側も満足するという関係ですね。

日本の戦後復興でボランティア活動を推進したのは、「アメリカン・フレンズ奉仕団」（キリスト教の一派であるクェーカー教徒の平和団体）などの欧米の平和団体でした。日本にももともと近所同士で助け合う、とか「お互いさま」の精神などボランティア精神はあったのですが、「ボランティア」として意識的に行われるようになったのは戦後になってからです。

## 沖縄に息づくボランティアの精神

**野本**　沖縄にはこのボランティア精神が自然に生きています。ボランティアの原型が沖縄にはあるといえます。

日常的に当たり前のこととして、見知らぬ人から道を尋ねられたら、仕事の手を休めて道順を詳しく教えてあげたり、その場所に一緒に歩いて行ってあげることも珍しくありません。おばあちゃん、おじいちゃんが荷物を持っていたら、持ってあげる。すると、「助かったよ。ありがとう！」のことばが返ってきて、手伝った人も元気になる。

こんな人間的なふれあいが沖縄のどこにでもあるんです。「ボランティア」ということばは使いませんが、これが「ボランティア精神」だと思います。孫の子育てにおばあ、おじいが参加して、この「ボランティア精神」がしっかりと受け継がれていくのです。

子どもは「神様からの授かりもの」という考えが人々の中に生きています。おじい、おばあは生活の糧を得るため、日々、忙しい親に代わって、子どもたちのために何かをすることを生きがいに感じています。子どもたちが喜ぶのを見て、おじい、おばあも嬉しくなり、元気になるのです。そして、おじい、おばあが繰り返し、繰り返し、孫たちに語りかけることによって、沖縄の文化、価値観、歴史は継承されていくのです。

**阿木**　でも、グローバル経済が進み、こうした前例のない不況が長引きますと、沖縄も日本本土やアメリカの影響を受けて、昔からある文化や精神が失われていくのでは、という不安はありませんか。

**野本**　沖縄に来て、「手伝い」とは手を差し伸べることだということを実感しました。子どもたちは実際に手にとってやってみて、「手伝い」を学びます。

今、日本ではお年寄りの大半は、ゲート・ボールの競技者か、介護の対象としか見られていません。子育ての現場から見放されています。お年寄りが子どもたちに伝えるべき大事なものがあるのに、関係が切断されているのです。

現在取り組んでいる『沖縄・子ども白書』の中では、お年寄りと子どもたちとの関係復活の大切さを提案したいと考えています。

## 自然と一体化した生き方

**阿木** 沖縄でのボランティア団体、グループの状況はどうですか。ボランティア活動の現状をお伺いできればと思います。

**野本** 本土からの影響もあって、形としては、ボランティア活動は同じような状況になってきています。社会福祉の現場でも、「資格化」、「マニュアル化」、「業務の分業化」、「管理」が進んでいます。横浜市大時代の教え子たちの何人かは社会福祉の現場に入っていますが、みんな、疲れてしまっています。沖縄でも、社会福祉の現場では、本土のそうした現象が現れつつあります。

沖縄大学の学生たちは、困っている人がいれば自然に、当たり前のこととして、助け合うというボランティア精神が身についています。数年前、T君という耳の不自由な学生が入学してきました。ぼくはT君の面接を担当し、筆談して、合格としました。

その時点では、大学にはそれまで障害を持つ学生を受け入れた経験もなく、準備も十分ではありませんでした。障害を持つ学生へのサポート制度もなく、それでもみんなで応援すれば大丈夫だろうとは思ったものの、やはり心配でした。

そんななか、最初の授業でT君を紹介し、「T君をサポートしてもらえませんか？　授業中、ノートをとる手助けをしたり、学内を案内したり、昼食時の移動の手伝いをしたりとかといったことですが……」と言うと、約二〇人の手が上がりました。嬉しかったですね。

沖縄の学生たち、若者たちには、困った人がいれば、当たり前のこととして助けるという気持ち、「ボランティア精神」があるのです。彼らにとって、そうした手助けはあまりにも当たり前のことで、「ボランティア」として意識すらしていないのです。

それはそれでいいのですが、一方では素晴らしい沖縄文化を持っているという自覚がない、自分たちの文化とは何か？ということがわかっていないという問題があります。その無自覚は若者たちの抱える問題の一つであるとぼくは感じています。誇るべき文化を持っているという自覚があれば、自分自身に自信が生まれ、沖縄の歴史、風土、文化に誇りを持つと思うのです。

**阿木**　そうですね。自分のアイデンティティーを意識し、明確に自覚することは大切ですね。素晴らしい風土、文化の中に育ち、その恩恵の中で、生きているということがわかれば、生きがいも出てくるでしょう。しかし、そうした文化にプライドをもって生きるということが若者にとって難しくなってきているのでないでしょうか。

東京では元気のない若者が増えている気がします。学校教育では偏差値によって学生は評価分類され、成績が芳しくない状態が続くと「負け組」というレッテルが貼られます。元気が奪われやすい環境に若者は生きているのです。

不登校になったりすると、正規のレールから脱線したということで、「落ちこぼれ」と呼ばれたりします。ちょっと、通常のレールから外れ、回り道をしているだけなのに。人生には、そうした回り道も時には必要なんですけどねえ。

いろいろな働き方があってもいいと思うのだけれど、フリーター、アルバイトで生活をしていると、「正規社員でなければ、将来はなし」などという声をよく耳にしたりします。仕事の現場ではますます、ミスや間違いに対してチェックが厳しくなり、おおらかさ、ゆとりが失われつつあります。働く仲間が助け合い、支え合うというより、「自己責任」、「担当領域の明確化」、「分業化」、「仲間意識の希薄化」などが社会全体に広がり、孤立感を抱く人たちが増えているようです。

**野本**　沖縄でも近年、社会の都市化現象が進み、内地と同様の問題が増えています。都市を中心に「内地化」が急速に進んでいます。リゾート地などでは自然が破壊され、周辺のコミュニティーでの人間関係が薄まっていく傾向、人々の心の中にも崩壊現象が現れています。

古来、人は自然と一体となって生きてきたのです。人は自然の一部です。自然環境があって、本来、人は生きるものです。自然環境の豊かさは重要なんです。自然の中で、相互反応が生まれ、人々の中に、一緒に何かをしよう、してみたいという気持ちが自然に生まれてくる。「ボランティア精神」そのものは、自然環境と相関関係にあるんです。
　都会を蘇らせるのは難しいですね。都市の中にきれいな川をつくったり、農業文化を育てたり、森をつくったりするのは可能ですけど。そうした試みは「ボランティア精神」を育てることと関係してくるでしょう。

**阿木**　沖縄には、お互いが助け合う伝統の一つとして、「ユイマール」という言葉がありますね。沖縄の人たちと話していると、時おりそのことばを耳にします。

**野本**　「ユイ」は漢字では「結」。「マール」は「順番」の意味です。「持ち寄る」という意味もあります。お互いがお互いの「絆」を大切にして、助け合い、支え合い、つながっていくことです。もともと、経済的に苦しい村々で、生産が厳しく、誰かが困っているときに、みんなで助けるという考えから「ユイマール」は生まれました。共存し、助け合う。一番大事なものは何か？ということを沖縄の人たちは昔から知っていたのです。「ユイマール」は「ボランティア精神」そのものですね。

**阿木**　沖縄大学での試みや最近の学生たちの様子についても聞かせてください。

**野本**　沖縄大学は学生同士の助け合いを重視し、「地域に開かれた大学」、「地域と共に生きる、地域から学ぶ大学」、「地域と共創する大学」を目指しています。入試では、「知識」、「成績」より「学びたい意欲」に選考基準の重点を置いています。
　また、地域の住民が参加できる「土曜講座」や離島を回る「移動市民大学」を開催し、離島の人たちと交流しています。地域研究所も設置し、初代の所長は『公害問題』の編集者として有名な宇井純氏が務めていました。

## あるべきボランティア社会とは？

**阿木**　グローバリゼーションが世界の隅々まで浸透し、アメリカ的な「能力主義」の考えが、職場、人々の日常の生活の中にも浸透しつつあります。「効率化」、「合理化」が押し進められています。そうした社会の流れは、ある人たち、一部の人たちにとっては好都合かもしれません。しかし、多くの人たちにとっては生きにくい社会です。

私たちは今、どういう社会を目指しているのでしょうか。今後、ボランティアという観点から、どういうビジョンが必要なのでしょうか。社会はどうあるべきなのでしょうか。

**野本**　人間が生きていける保障が必要ですね。それが前提となります。人が生きていける保障は不可欠です。そうした保障なしに、ボランティアも何もできないと思うのです。

世界が貯めてきた富をどのように分配するかが重要な問題です。現在、富の分配には片寄りがあります。ある一部の裕富な人たちに所有されているという問題があります。すべての人たちが安定した生活を送れる、ということを第一前提として考えるべきでしょう。

心理学者のマズローが定義した、生きるための「生理的欲求（基本的欲求）」が満たされる社会、

「生命維持の欲求」が守られることが必要です。「生命維持の欲求」が守られなければ、「生きる意欲」も湧いてきません。何かをしたいという欲求が湧いてきません。

その次に人間が求めるのは、仲間意識が持てるような社会、お互いを信頼し合えるような社会です。やはり、その前提としては安定した生活が必要です。安心して暮らせるという保障がなければ、ボランティアも仲間意識もないと思うのです。ボランティア社会におけるすべての人にとって、こうした生活保障が必要です。そうすれば、自然とボランティアが生まれてきます。

学校教育に関しては、地域にもっと密着した教育が必要です。地域にこの学校があってよかったと、生徒たちや教師たちが思えることがあってこそ、地域は活性化すると思うのです。そうした学校教育があって、子どもたちは、身体全体で「生きる原型」を学んでいくのです。勉強さえできればいい、というものではありません。

**阿木**　東京では学校間の競争も始まっています。品川区で始まった小学校の選択制のように、親や子どもは入学する前に、小学校を選択するようになりました。多くの生徒を集める小学校が「良い学校」ということになっています。そのため、多くの生徒を集めるのにどうするか、学校側、教師たちもやっきになっています。学校の評価というものも、「成績」や「卒業後の進路」などで判定されるようになってきています。それは地域に根ざした、地域の学校という方向から懸け離れたものです。

どうも、都会では、ある一定の教育価値基準のもと、一斉に同方向に歩きだした感があります。

**野本**　一五〇年以上前には学校がありませんでしたが、それでも子どもは育っていたし、社会もちゃんと成立していました。学校がなければ人間が育たないなんて、ありえないことです。基本は地域なんです。地域があって、人は生きてこられたのです。もう一度、そこに戻って考える必要があります。

その上で学校は地域に対してどのような役割を果たすべきでしょうか。学校が中心じゃないんです。地域の生活を軸に考えたらいいのです。その基本はボランティアです。お互いに支え合って生きるということです。

ボランティア精神を基にした新しい学校の役割、カリキュラム、地域の中の学校の役割ということを考え直すことが必要です。こうしたことを沖縄の中で少しずつ、やってみたいと思っています。

（二〇〇九年六月二八日横浜にて）

# 第1章

## 中国・華南地方のワークキャンプ発展の前夜

――「燎原之火」・ハンセン病快復者村ワークキャンプの軌跡

原田燎太郎

枯野に火を放つ。それは燃え広がり、草原を埋め尽くす炎となる。中国ではこれを「燎原之火」という。僕の名前の由来だ。しかしそれに反し、僕は気が弱く、運動音痴な、いじめられっ子になった。人が怖く、想いはあっても行動に移すことができない。

ところが、いい出会いに恵まれた。人との出会いの連続が、僕の道を方向づけている。現在では中国広東省広州市にあるNGO・JIAの代表にまつり上げられ、華南地方の五省（広東、広西、湖南、湖北、海南）にあるハンセン病快復村や小中学校において八三のワークキャンプを行っている。参加するのは主に中国の学生で、日本やその他の国や地域の人々一五三一名だ（二〇〇九年）。

僕は二〇〇二年、この活動を開始した。当時は日韓の団体三つがハンセン病快復村二か所でワークキャンプを開催し、参加するのは日本人と韓国人だけだった。

## はじまり――人との出会いで導かれた自分

　一九九九年、大学一年後期のある日、行動を起こせない僕に転機が訪れる。

　第二外国語・ドイツ語のクラスには白根大輔という男がいた。入学した頃金色だった彼の頭は、後期からは虹色になっている。

　その日、彼が僕の前の席に座った。くるりと振り返り、

「お前、夏、何してた？」

　僕らはそれまでとくに言葉を交わしたことがなかった。

「別に。バイトしてただけ」

「おれ、イギリスに短期留学してきたよ」

　白根大輔はどことなく微笑みながら、しかし芯のしっかりした黒目で言う。

　イギリス。僕には縁のない場所だ。海外に行き、そのうえ英語で話す。僕にはできない。しかしこの頃からなぜか、僕らはよく二人でいるようになった。

「お前、今日、大学行く？」

「お前が行くなら、行くかな」

「じゃ、昼に大学で」

　二人とも実家から大学に通っているので、二時間ほどかけて会いに行く。会っても、お互い何を話すでもなく、講堂の階段で昼飯にビールを飲んだり、タイ料理のバイキングを無言で食べたりするだけだ。ときどき、思い出したように語り合う。

あるとき、白根大輔はイギリス留学について意外なことを言う、

「おれも最初は怖かった。でも、やっちまえば、何とかなる。だから、お前もやってみろよ」

勧められるまま、僕はドイツに行く。二〇〇〇年二月、大学生活が二年目に入る頃の春休み、短期語学研修だ。

白いドイツ人に混じり、古い城壁の上にあるビアガーデンでビールを飲む。ヨーロッパにあこがれる僕は、自分もドイツ人になったような気分で寮に帰る。そして、手を洗い、顔を洗い、ふと目の前の鏡を見る――アジア人の顔が、僕の顔が映っている。

僕はアジアに興味を持つようになる。まず思い浮かぶのは東南アジアだ。しかし、独りで東南アジアにいくのもためらわれる。

ある日、大学の壁にポスターが貼ってあった、

「フィリピンワークキャンプ参加者募集」

フィリピン・レイテ島の貧しい漁村に三週間泊り込み、貯水タンクをつくるという。ドイツではバックパックで町から町へとビール巡りをして歩いたが、それぞれの場所に一、二日滞在するだけで、現地の人々との絡みがなかった。次にどこかに行くなら、一つの場所に長期間滞在し現地の人々と生活してみたいと思っていた。それに加えて、東南アジアであることがぴったりくる。

しかし「ワークキャンプ」という聞き慣れない活動はうさんくさい。

説明会会場の立教大学に行き、会場を探してうろうろしていると、今どき珍しいノーメイクの

清楚な女の子に出くわす。彼女も説明会に行くというので、少し安心する。

説明会の内容を総合すると、ワークキャンプとは、キャンパーたち（いわゆるボランティア）が、ワークニーズのある現地にまとまった時間住み込み、現地の人々と生活をともにしながら、その人々のニーズを満たすべくプロジェクトを行う活動だ。

僕にとってはそれは、どうでもよかった。ただ、一つの場所に長く住みながら、現地の人々と深く知り合うことができることと、海辺で見る星がきれいだという言葉に惹かれ、参加することにした。

説明会の後は飲み会がある。乗り気ではなかったが、清楚な彼女も行くというので行ってみる。

そこで、西尾雄志に出会った。

彼は当時、早稲田大学社会学研究科博士過程の学生で、現在は早稲田大学平山郁夫記念ボランティアセンターの助教だ。この出会いがなければ、僕は今ここ中国にはいない。

彼は飲み会の途中、独特な存在感で現れる。

「西尾さんが来た」

皆が口々に騒ぐ。ヒゲをたくわえた彼は、何を語るでもなく飲む。

こうして二〇〇〇年、大学二年の夏、僕はフィリピンに行く。貧しい漁村と聞いていたので、スラムのような場所を想像して行くが、村人たちはのんびり暮らしている。食べているものは干物のようなものが多いが、家族や親族のきずなが強く、彼らの笑顔に接するとこちらも似たような顔になってくる。

このキャンプ以来、僕は自分の家族を見直す。父と飲むようになったのはこの頃からだと思う。しかしそれっきりで、キャンプの主催団体のフレンズ国際ワークキャンプ（ＦＩＷＣ）関東委員会とも特にかかわらない。

## ハンセン病との出会い

二〇〇一年秋。ＦＩＷＣ関東の集まりにも顔を出さない僕に、突然西尾雄志が電話してくる。ハンセン病快復者の森元美代治の講演会をＦＩＷＣ関東が主催するので、当日のマイク回しを手伝ってほしいということだった。興味はないが、とくにやることもないので、僕はそれを手伝う。

ハンセン病を病んだ森元美代治は一四歳の夏、「らい予防法」の規定によって強制隔離され、家族から引き離された。同法は入所者の無断外出を禁じているが、彼は慶応義塾大学を卒業し、金融機関に就職。ところが、出世の呼び声がかかった矢先にハンセン病が再発し、再び療養所に入所する。二〇〇一年の熊本地裁「らい予防法」違憲国家賠償請求訴訟勝訴後に社会復帰した。

「偏見・差別の根強い社会に多くを期待することはできない。われわれ自身が変わることによって、社会が変わると信じよう」

森元美代治は実名を公表し、差別を恐れず挑戦しつづける。現在では特定非営利活動法人ＩＤＥＡジャパンの理事長となっている。

フィリピン以来家族好きの僕は衝撃を受ける。家族までもが差別・偏見をもつというのは受け入れることができない。

しかし、それでも僕は、とくに何の行動も起こさない。ただただ、恐ろしい差別があることを知っただけだ。森元美代治の、ほんの少し曲がった指を見て、少し怖かった。子どもの頃聖書で読んだ「らい病」の記憶がよみがえり、いま「ハンセン病」として、僕の頭の中に刻まれる。それだけだった。

そして、就職活動の時期を迎える。大学三年、二〇〇二年の初めだ。記者志望の僕は、エントリーシートの「志望動機」や「これまで力を入れてきたこと」などを書きあぐねていた。「自己分析」の本を読み、「勝ち組」の先輩と話すうち、わかってきたことがある。

僕は、人に対して、誇りを持って、「おれはここまでやった」と言い切れることを、何ひとつしてこなかった。いろいろなことに首は突っ込んできたが、何ひとつ継続していない。

そんなとき、ふと、中国のハンセン病快復村でのワークキャンプに参加しようと思う。FIWC関東の報告書が郵送されてきていたので、FIWC関西と韓国ピースキャンプが二〇〇一年から中国の快復村でキャンプをしているのは知っていた。が、(よくそんなところでキャンプするな。つまんなそう)と思っていた。

しかし、就職活動で面接の話題を持っていない僕は、わらにもすがる想いでそれに参加する。

その背景には、子どもの頃僕がいじめられていたこともある。事実、新聞社のエントリーシートには「差別をなくす記者になりたい」と書いた。しかし、そう書き終えた後、自分がうさんくさいと思った。

（おれ自身は差別しないのか？）

ハンセン病をテーマにしたキャンプに参加したら、その答えがわかる気がする。

こうして僕は二〇〇二年二月、中国のハンセン病快復村キャンプに参加する。偶然、西尾雄志もこれに参加する。

## ハンセン病国際ワークキャンプの立ち上げ

二〇〇二年二月、大学三年の終わり。初めて訪れる中国広東省広州市は、さびしい印象だ。センスのない巨大なネオンサインがギラギラし、異常な数のバイクや車が通りを行き来し、人々は大声でしゃべりまくる。道路にはありとあらゆるゴミが投げ捨てられている。家の窓には鉄格子がはまり、二重ドアで、外側のドアは牢獄を連想させる。

広州に一晩泊まった翌朝、広東省清遠市のハンセン病快復村・ヤンカン村に向かう。高速道路を一時間ほど行き、それを下りて山道に入る。頭が車の天井にぶつかるようなデコボコ道を三〇分ほど登ると、村が見えてくる。車は門を抜け、コの字型に並ぶ長屋の中庭に停まる。

このキャンプはＦＩＷＣ関西とピースキャンプの主催する第二回キャンプであるため、何名かのキャンパーとハンセン病快復者の村人たちは顔見知りだ。彼らや西尾雄志は車を降りるなりハンセン病快復者の人たちと握手している。

一方、僕は車の中で固まっている。車を取り囲む快復者たちの曲がった指、まぶたの閉じなくなった目、小さくなった鼻。目が片方ない人もいる。手がない人もいる。

数秒経ったのか、数十秒経ったのか、僕は車を降りたが、ひきつった笑顔で「ニーハオ」と言うのが精一杯だ。この状態で握手をしたらかえって失礼な気がする。

その夜、西尾雄志と村の一室で、ぬるいビールをペナペナのプラスチックの使い捨てコップで飲む。何を話すわけでもない。これからの一〇日間のキャンプをどう過ごそうかと考えると、悶々としてくる。

と、そのとき、一人のハンセン病快復者のおじさんが入ってくる。僕はペナペナコップにビールを注ぎ、彼に勧める。指の曲がった彼はこのコップの独特の性質を把握しきっており、ほとんど指の動かない両手でコップを持ち上げ、僕らと乾杯する。ノートに書いてみた、

「我　原田燎太郎」

「我　欧鏡釗」

「我　西尾雄志」

ここから始まり、一五分ほど筆談をつづける。通じるので感動するが、怖い。欧鏡釗が触ったボールペン、欧鏡釗が触ったノート……。そんな僕に、彼は手ぶりで「家に来い」と言う。

欧鏡釗の家は広く、入り口付近で薄暗い蛍光灯が白く光っている。空気はひんやりしていて、少し湿っぽい。病気がうつりえないことは、頭ではわかっている。それでも、部屋の空気を吸うのが嫌だ。椅子に座るのもためらわれる。モンキーバナナを手渡されたときは困った。食べないわけにはいかないので、思いきって口につっこむ。

欧鏡釗は写真を見せてくれる。ハンセン病の国際会議の写真。万里の長城で撮った写真。日本の友人からの葉書も見せてくれる。とても嬉しそうに見せてくれる欧鏡釗は、普通のおじいちゃんだった。さっきバナナをくれたときは、おじいちゃんが孫にあげるような顔をしていた。写真の説明を聞くうち、僕は椅子に座っていた。呼吸も普通にしている。笑い声さえあげている。

帰りは、宿泊用に借りている村の一室まで欧鏡釗が送ってくれる。僕はノートに「明日再会」と書き、右手を差し出す。第一関節が短くなった欧鏡釗の手はかたたかった。

ヤンカン村の林友蓮は、キャンパー宿舎の二つ隣の部屋に住んでいる。彼女の指は第一関節が曲がり、左足はブリキの義足だ。

朝、部屋を出ると、林友蓮は決まってドアの前で木の小さな椅子に座っている。

「ゾウサン（おはようございます）！」

挨拶すると、耳が聞こえず喋ることもできない林友蓮はニコニコの笑顔を返してくれる。これが長年虐げられてきた人が見せる笑顔なのか。

帰国後、ヤンカン村での生活について聴いた友人は語る。

「『ハンセン病＝気持ち悪い、恐い、悲しい』。正直、今もその気持ちはなくならない。でも、触れたくもない、会いたくもない存在だったけど、笑顔の林ばあちゃんには会ってみたいと思ったし、偏見の目だけでなく、優しい気持ちになれそうな気がする」

ハンセン病の後遺症を見て、驚くのは自然な感情だと思う。僕の地元・平塚（神奈川県）の町でばったり白人に出くわせば、表情に驚きを隠すことはできない。これは差別ではなく、本能だ。いまでも村人と普通に接していても、ふと、後遺症が気になっている自分に気づく。それでも、僕は林友蓮が好きだ。義足の人、腕のない人、指のない人。一見恐ろしいが、ずっと接していれば、恐れは薄れる。

帰国後、僕はこの想いを胸に、しかし当然のように就職活動に戻っていく。志望は、国際部のある新聞社だ。

まずは朝日新聞の筆記と一時面接を通過する。そして、毎日新聞の面接を受ける。

「君は朝日も受けてるんだね。朝日と毎日、両方受かったらどっちに行くの？」

「……。毎日です」

これで毎日新聞は不合格。朝日新聞はその後面接が順調に進み、最終面接を受ける。

「君、履歴書にビールが好きだって書いてるね。どのくらい飲めるの？」

質問の意図がわからないまま答える。

「いや、別に底はないですけど……」

終始歯切れ悪く面接は終わる。採用が決定した場合、翌日の夕方までに電話連絡するということだった。僕は携帯電話を机の上に立てて結果を待つ。夜中になっても電話はこなかった。

日本経済新聞も不合格で、最後の中日新聞も二〇〇二年六月、不合格となった。ここで就職活動を打ち切る。他の業種を受ける気は起きない。

## 素人キャンパーでも役に立てる

ちょうどその頃、西尾雄志は所属する学会で論文を批判されていた。加えて、重い失恋があった。塞ぎ込んだ僕らは高田馬場の焼き鳥屋「双葉」で飲む。二人に共通しているのは、やる気はあること。ただ、それを発揮する場所がない。このエネルギーをどこにぶつけていいかわからない。僕らは学会や新聞社の文句を言いながら、次々にビール瓶を空にしていく。

「燎太郎、何か、でっかいこと、やってやろうぜ」

吐き出すように、ほえるように西尾雄志が言う。

それは、「ハンセン病関連の国際ワークキャンプの立ち上げ」だという。なぜ、ハンセン病なのか。

その理由は、森元美代治にある。

森元美代治は二〇〇一年、参議院議員選挙に出馬した。らい予防法廃止や国家賠償訴訟で、ハンセン病快復者の団結した運動が盛り上がり、成果を出した勢いに乗って選挙に出た彼だが、それに乗り切れず、厳しい選挙戦になった。それをある記者は月刊誌に冷ややかに掲載した。

「西尾さん、僕ね、落ちちゃいましたよ」

森元美代治は選挙後、そう笑ったという。叩かれ、つらい思いをしたにもかかわらず、一言も愚痴を言わない。

「男だ」

西尾雄志は森元美代治にほれた。酒の回ってきた西尾雄志は桑名言葉で、興奮に顔を歪めながら叫ぶ。

「おれは、この森元美代治と仕事がしたい。何かお手伝いをさせてもらいたい」

そこで西尾雄志が考えたのが、ハンセン病をテーマとした国際ワークキャンプの立ち上げだ。

彼はヤンカン村のキャンプに可能性を見たと語る。ほとんどのワークキャンプは素人集団による土木作業であり、現地の人々のニーズを必ずしも満たすことができない。引いた水道から水が出ない、建てたトイレが詰まるなどの問題がよく起こり、現地の人々に迷惑をかけてきた。

しかし、ハンセン病快復村でのキャンプでは、素人でも役に立つことができる。キャンパーたちが「動物園のパンダ」となり、普通は人が恐れるハンセン病快復村に人の流れをつくり出すことができる。

ハンセン病快復村ヤンカン村のキャンプでは、普段は寄り付かない周辺地域の子どもたちが村にやって来てキャンパーの女の子と遊んでいた。やがて子どもたちは村の快復者とも話し始め、遊び始める。そして、その子どもたちの親が心配して「恐ろしい」ハンセン病快復村にやって来る。そこで彼らが眼にするのは、ハンセン病快復者である村人とキャンパーがしゃべったり、食べたり、飲んだりしている姿だ。行動が見せる力は、何千枚、何万枚の啓発ビラに勝る。

西尾雄志がハンセン病にこだわるわけはわかった。ただ、僕は、ハンセン病うんぬんよりもむしろ、この酔っ払いの兄貴と仕事をしてみたいと思う。

「やりましょう」

僕らは杯で誓う。

## なぜ中国なのか

「燎太郎は最近、死に急ぐおじいちゃんみたいだな」

ハンセン病国際ワークキャンプの実現に向かって動き回る僕を、西尾雄志はそう茶化す。僕はまず森元美代治に電話をかけ、アジアのどの国のハンセン病問題が厳しいかを尋ねる。彼はミャンマーで活動する人を紹介してくれる。しかし、彼女の話を聴いていると、ミャンマーの施設の生活状況はワークキャンプを必要とするほど厳しくはないようだ。

僕らは知り合いのつてをたどり、笹川記念保健協力財団の山口和子（現理事）に話を聞けることになった。

東京駅の喫茶店で僕らは会った。海外のハンセン病の状況に詳しい彼女は、

「それでしたら、あなたたち、中国です」

彼女は、その優雅な服と同じくらいに丁寧な言葉に熱意を込めて、なぜ中国かを語る。東南アジア、南アジアでは患者が病院に隔離されても終生隔離ではないので、病院の周りに定着して結婚して子どもを持ち、家族をつくってコロニーを形成する。一方、東アジアの日本、韓国、中国では差別が厳しく、ひとたびハンセン病を病めば、治癒後でさえ家族と会うことが難しい。

「日本と韓国の施設は随分と綺麗になりましたね。ところがですね、中国の状態はひどいもので」

山口和子は写真を取り出し、

「これはですね、先日、中国広東省にあるハンセン病快復者の当事者団体HANDAから送られてきたものなのですけれど、見てください、この方々の表情、建物の状況……」

家はボロボロで、室内の壁はススで黒くなっている。やせ細った快復者が散らかった部屋で、ぽかんとこちらを見つめている。手足に傷のある老婆は座り込み、うつむき、カメラを向けられて戸惑っている様子だ。足を切断しているが義足のない村人もいる。

「この写真の村でキャンプをしよう」

西尾雄志は決意する。この村は広東省潮州市のハンセン病快復村・リンホウ村という。

しかし、僕は乗り気ではない。僕は中国にあまりいいイメージを持っていない。それよりも、もっとエキゾチックな国に行きたい。東南アジアかインドに行きたい。その上、写真に写っている快復者たちの表情が暗すぎる。

しかし、西尾雄志の決意は固い。

僕は仕方なく、現地のＮＧＯ・ＨＡＮＤＡとの連絡係となる。辞書を引きながら英語でメールのやり取りを繰り返し、下見の日程や交通、費用などを確認していく。その傍ら、大学卒業後の保険もかけておく。大学院の入学試験と新聞社の秋採用の試験の準備を進めていた。

ところが。

リンホウ村下見調査のスケジュールが秋採用の日程に被ってしまった。

僕らは下見の打ち合わせのため、「双葉」にいる。西尾雄志はテーブルに人差し指を小刻みに突き立てながら言う。

「燎太郎、おまえ、リンホウ村と秋採用、どっち取るつもりだ」

「……。リンホウです」

不安はある。

新聞社の秋の採用試験を受ければ、合格するかもしれない。リンホウに行ったら、卒業後にどうなるかはわからない。しかし、僕は西尾雄志と約束した。これまで二か月の間、準備してきた。ここで手を引くわけにはいかない。

### キャンプ下見で快復者の実情を知る

二〇〇二年九月九日、西尾雄志と僕は二度目となる広州に降り立つ。翌日にはまず二月にキャンプをしたヤンカン村に行く。

予想以上の歓迎だ。車がヤンカン村に着くと、それを村人が笑顔で取り囲む。僕はそれぞれと握手して回る。

村人たちはHANDAから「FIWCが来る」と聞いて以来楽しみにしてくれていたという。村のおばちゃんが広東語で何か言いながら、満面の笑みで僕の腕を引っ張り、娯楽室へ連れて行く。そこには、僕がキャンプ後に村に送った写真が糊でしっかりと貼られていた。

昼前、僕らは村人と一緒に食堂に集まる。と、村人の欧鏡釗が突然語り始める。

「ハンセン病患者は中国人から忌避されてきた。それにもかかわらず、日本人が一〇日間も一緒に、友だちのように暮らしてくれたのは想像すらできないことだ。私の人生にとって意味があることだった。みんな別れのときに泣いたことがそれを示している。また来てくれることを期待していた。ワークをしなくても、ただ来てくれれば嬉しい。いつ来てもいい。泊まるのもかまわない」

FIWC関西委員会と韓国ピースキャンプは二〇〇一年二月以降、ヤンカン村で二回キャンプを開催した。このハンセン病元隔離治療施設には外部の人々が訪れるようになり始め、村人たちは僕らを陽気に迎えてくれる。

一方、僕らFIWC関東委員会がワークキャンプを開催するリンホウ村は。

二〇〇二年九月一二日、僕らはリンホウ村のある広東省潮州市の町にいる。しとしと雨が降る中、HANDAの事務局長・マイケル＝チャンが運転する車は市内を抜けて行く。車がクラクションを鳴らしながら行き交い、バイクや人がごった返す。二〇分ほど行くと、古い家屋の立ち並ぶ町並みに変わり、さらに山道に至る。

トンネルの黒い口が現れた。中は真っ暗で、電灯一つない。二〇〇メートルほどのこのトンネルを抜けると、突然、緑が広がる。さらに五分ほど山を下っていくと、白い壁で囲まれたこぢんまりとしてさっぱりとした建物が見えてくる。

リンホウ医院だ。これはリンホウ村を管理する政府部門で、かつてはこの病院でハンセン病を治療したが、村人のハンセン病が治癒した今は医療的な機能はなく、村人たちの生活費支給（毎月一人当たり一二〇元）など村の管理を行っている。

ここから道幅が極端に狭くなる。車で二分ほど走り、大きな池をぐるりと回って、車は二つの長屋の間に停まる。

潮州市潮安県古巷鎮嶺后（リンホウ）村。

雨が、音をたてずに降り、濡れた緑が静かに光る。

リンホウ医院や衛生局の役人たちが七、八名、退屈そうについてくる。長屋の一つは比較的新しい白い壁だが、部屋は狭く、そして夏は異常に暑いそうだ。その向かいにあるもう一つにはドアがない。土の壁が壊れ、中のレンガが見えている。室内は真っ暗で、雨漏りがするのか湿っている。

鋭い目をした人がいつの間にか傍らにいる。小柄でやせているが筋肉質のその身体に、ハンセン病の後遺症らしきものはない。握手の手を差し出すと、ちらりと僕の手を見、握りながら一つうなずく。郭聯浩。村で一番若い四六歳だ。彼は、障害を持つ村人たちのために薪を割ったり、水をくんだりしている。

少し低くなったところにもう一軒家が見える。木々が垂れ込めるように覆うその家のドアは開いている。ススで黒くなった室内には青色の褪せた人民服の背中が見える。僕たちの存在に気づいていた彼は松葉杖を取り、義務であるかのように立ち上がる。

蘇文秀村長、七四歳。右足を一九七九年、切断した。マイケルが村長に僕たちを紹介し、ワークキャンプを開催したいことを話す。

「カムシャ、カムシャ（感謝、感謝）」

村長はうつむき加減で、ときどきチラチラと僕らに眼を遣る。笑顔をつくろうとするが、それが引きつっているのはハンセン病の後遺症による麻痺だけが原因ではないだろう。彼らは何十年もハンセン病差別を受けてきた。そして、眼の前にいるのは「鬼子」である日本人だ。

「将来の希望がまったくない」

村長の家を去るとき、マイケルが村長の言葉を訳してくれる。

リンホウ村は一九六〇年に建設されたハンセン病隔離治療病院だ。当時は三〇〇名以上の患者が収容され、リンホウ医院で治療を受けながら、食べていくために農作業をし、家畜を飼った。現在は快復者一四名のみが住み、平均年齢は六五歳以上。村人の生活の糧は、リンホウ医院が支給する一人当たり毎月一二〇元の生活保護だ。

二〇〇メートルほど離れた山の方にも村人がいるという。三〇〇名を収容した当時の規模の村に、現在は一四名が散らばって住んでいる。

歩いていく途中、井戸水をくみ上げる手動ポンプが壊れた井戸がある。この井戸から郭聯浩が毎日水くみをして、村人一三名に水を配って歩いているという。

濃い緑の木々の間にくすんだ白い壁が見えてくる。

「昔は歩き回って薪を集めたりしたが、今は足が痛くてできなくなった」

部屋にいた許炳遂は語る。彼はもはや歩くことができない。

許炳遂の隣の部屋から一人の村人が座ったまま出てくる。陳宏広。七五年間彼と歩んできたその左足のすねは完全に膿んでいる。包帯にまで膿みが染み出ている。身体は骨と皮ばかりだ。

「痛い。金がない。薬もない。これから死ぬんだ」

彼はこの村で一番傷の状態がひどく、歩くこともできない。許炳遂が薪での料理を手伝っているという。

ハンセン病の適切な治療を受けなかった場合、後遺症として知覚麻痺を起こすことがある。傷ができても痛みを感じない。痛ければ、たとえば指先に少し傷ができただけでも、ペンを持つときにその指を浮かして保護する。痛くなければ、よほど注意しない限り普通にペンを持つだろう。その結果、傷は常に圧力を受け、やがて深く、広くなっていく。適切なケアをしなければ、感染を起こし、ひどければ陳宏広の左足のようになってしまう。あそこまで衰弱した彼の場合、あの大きな傷口からはすでに雑菌が身体に入り込んでいたのかもしれない。彼は一か月後に死んだ。

許炳遂、陳宏広の長屋の裏にも村人が住んでいる。裏に回ってくる僕たちに気づくと、彼はゆっくりと振り返り、ドアの枠に寄りかかる。彼も歩くことができない。足首の関節が外れたようにブラブラして不自然に曲がっている。僕らはワークキャンプで何ができるかを尋ねると、彼は指の曲がった手を顔の前でポンとさせながら、

「腹一杯食いたい」

蘇振権。

僕より五〇歳年上の七四歳。彼は後に僕が最も尊敬する人となる。

僕らは紙に名前と年齢を書いて彼に渡す。

こんな世界があっていいのか。

衝撃、などという言葉では表せない感情だ。

リンホウ医院はこのリンホウ村の生活環境を改善する建設計画を持っているが、資金不足で計画は実行されていない。僕らは医院側やHANDAと話し合った上でプランを改善し、日本で資金を集め、一連のワークキャンプを開催して建設を進めることにする。まずトイレをつくり、そして家屋を建て替え、水道を引き、集会所を建てる。一年に二回、春夏にキャンプを開催したとしても、これらの建設には二年はかかる。

## 中国の学生の巻き込みを図る

やるからには、中国の学生とやりたい。

二〇〇二年二月、西尾雄志とヤンカン村キャンプに参加したとき、中国の学生がいないことを不思議に思っていた。ヤンカン村の人々と日韓のキャンパーたちの関係はとてもよく、村人たちはみな明るい。しかし、外国人である日韓のキャンパーは村人と話すこともままならない。村に来ることができるのも、多くて一年に二回だろう。聞けば、中国の人々にヤンカン村キャンプへの参加を呼びかけても応じる人がいないという。

大学に行って、キャンパーを募集しよう。HANDAのマイケルに相談する。

「中国の学生はそういった活動に興味はないと思う」

学生たちは学業やインターン、就職活動に忙しい。ハンセン病への理解がないどころか、この病気や快復村の存在すら知らない。学生が参加するのは難しいだろう。マイケルはそう語り、大学を訪ねることに乗り気ではない。もう一人のHANDAのスタッフ、ヴィヴィアン＝ポンに頼んで潮州市内の大学に一緒に乗り込んでもらう。彼女は先月HANDAで働き始めた。前の会社では高給取りだったが、物足りなさを感じていたため辞めたという。彼女は中国の学生を巻き込むことに積極的だ。

韓山師範学院。

日本語教師の許偉智は意外にもあっさりとキャンパー募集を許してくれる。僕らは英語学部一つのクラスの「ホームルーム」の時間をもらい、英語でワークキャンプを紹介する。学生たちはそわそわしている。キャンプとハンセン病の紹介が終わり、二、三質問が出て、その会は終わる。学生たちは机と椅子をガタガタ鳴らして一斉に帰っていく。

数名、残った。マークと英語名を名乗る彼は、小柄で線が細く、色白で、山形の眉毛がよく動く眼鏡の青年、というより少年のような感じだ。中国語では朱佳栄という。彼はもじもじして黒目をグルグル動かす。

「わざわざ遠い日本から人助けのために来てくれたんだね。通訳を手伝うよ」

潮州市にはこの大学しかない。広州に戻ってからはヴィヴィアンのつてで広東外語外貿大学、広東商学院に学生を訪ね、キャンプ参加を呼びかける。しかし、彼らの反応は散々なものだ。

「ハンセン病がうつるのでは？」

「村にシャワーはないのか？」

「家族が反対するだろう」

「インターンで時間がない」

「わざわざ中国でボランティア活動をしてくれてありがとう」

## スラム＝犯罪＝リンホウの本当

リンホウ村下見から日本に戻った後、母は心配する。

「燎太郎、最近どうして何もしゃべらないの？」

リンホウ村を見たショック。

卒業後の不安。

僕はリンホウ村に戻りたくない。自分の将来すら不安な状態で、あの悲惨な村に戻ったら気がおかしくなりそうだ。リンホウの人々はヤンカンの人々と比べ、あまりに暗すぎる。

しかし、リンホウの村人たちにトイレを造ると約束した。やらねばならない。

やるからには、早い方がいい。リンホウ村を、ヤンカン村のようにしよう。村人たちに笑顔があり、村の外の人たちが気軽に訪れることのできるような村にしよう。大学が休みになる二〇〇三年二・三月に第一回のリンホウ村キャンプをすることも検討された。しかし、それでは下見からキャンプまで五、六か月もの期間が空いてしまう。村人たちの中で「突然来た日本人」の記憶が鮮明なうちにキャンプを開催したい。僕らは二〇〇二年一一月一一一七日、日本人六名でキャンプをする。僕はキャンプのリーダーに押し上げられ、キャンパーは西尾雄志、藤澤眞人、枡田香織、島倉陽子、松村泉となる。

二〇〇二年一一月一日、広東省広州から五時間半で潮州市のバス停に着く。そこではリンホウ医院の院長と韓山師範学院のマークがタクシー二台で迎えに来てくれていた。マークとは九月に出会った後、メールでやり取りを続けており、六日間だけ参加できることになっていた。彼は二人のクラスメートを連れてきてくれている――ハマー（徐中茂）とジェイソン（呉欧宏）。

僕らはまずリンホウ医院に着く。院長は、

「リンホウ医院に泊まりなさい」

と言う。マークら三人の学生もそうしろと言う。村に泊まるのは危険だ。何か予想もつかないことが起こるかもしれないと。しかし、村人と良い関係を築くのが目的だ。そうマークを説得し、何とか「勝手にしろ」とマークに言わせる。院長も何とか許してくれる。

バックパックを背負い、リンホウ村へと歩く。一〇分ほどかかる道のりだ。まずは村で泊まるための部屋を掃除してベッドをつくる。ボロボロの長屋の向かいにある比較的新しい長屋の二部屋を借りて、男女三人ずつで分ける。水くみをしている村人の郭聯浩がベッドにする木の板を引っ張り出してきて洗い始めたので、手伝おうとすると、右手のひらをピッと立てて見せ、僕らに手を出させない。完全にお客さん扱いだ。マークも僕らに「何もするな」と言う。

村で料理する道具を僕らはまだ揃えていないので、夕食はリンホウ医院で役人がつくってくれる。豚肉、ダック、野菜炒め、つけもの、肉団子のスープだ。キャンパー全員が温水のシャワーまで浴びさせてもらう。村に戻って寝る段になると、ハマーとジェイソンは医院に残ると言う。

「村は安全面で問題があるし、不便だ。部屋数も足りないと思う」

説得を試みるが、無理を言っても仕方がないので、二人をおいて村に戻り、寝る準備をする。マークは木の板のベッドに蚊帳を張りながら、ピリピリしている様子だ。

僕は院長やマークらの反対を押し切り、強引に村に泊まった。ヤンカン村のキャンプを理想としている僕は、何としても村人との関係をつくりたいからだ。村に泊まらないなら、僕らはただの素人土木集団だ。しかし、現段階で中国の学生にそれを要求するのは難しい。そして翌日、ジェイソンとハマーはこれから帰ると言う。

「村は不便だ。この活動は初めての体験だし。これはふつうの反応だろ?」

## 日常にわたっての村人との交わり

リンホウでの初めての朝、六時半。村人とのよい関係をつくりたい僕らは、村人の郭聯浩の水くみについていかせてもらう。村に泊まったマークは熟睡できず、すでに起きていたので、半ば強引に誘う。

初めは許炳遂の部屋へ。九月の下見以来一か月半ぶりに会った許炳遂は、マークの通訳によると、僕のことを覚えていてくれた。お茶を入れる許炳遂の隣には、初めて会う村人がいる。彼は震える手で名前を書いてくれる。曽繁餘――以後、現在に至るまでの約七年間、彼が再び字を書くのを見たことがない。

マークが潮州語を話すことがわかると、二人は質問を浴びせる。学生か、どこに住んでいるのか、歳は、家族と一緒に住んでいるのか。笑い声も聞かれる。

郭聯浩は水を担いで、蘇振権が住む長屋に行く。そこには、九月の下見のとき名前をききそびれた村人がいた。許松立。少々こわばった笑顔のマークと話す二人は満面の笑みで、来てくれてありがとうという。

「ホントに丁寧で、話していて心地よく、村の外の人より親切だ。人を気遣う方法を知っているみたいだ」

マークは初めて「ハンセン病快復者」と話した感想をこう語る。彼らが何十年も隔離されてきた事実を伝えると、

「わかってる」

とマークはうつむき加減に横を向き、何度もうなずく。

以後、僕らは毎朝郭聯浩の水くみについて歩く。毎朝、毎朝、村人との距離が次第に縮まっていくのを感じる――。

緑の木々がまばらに立つなだらかな山に、朝もやが立ちこめる。冷気が心地よい。

「フィーッ、タァー」

郭聯浩は、湧き水で満たされたブリキのバケツを井戸から引き上げる。今朝も郭聯浩の水くみが始まった。ついていくのは今日で三日目だ。壊れた井戸の手動ポンプにさし込んであった天秤棒をそっと取り上げ、両方のバケツの持ち手についたロープをその両端にゆっくりと掛け、左肩に据える。一五年もの間、水を運びつづけたその肩の筋肉は、グッと盛り上がっている。

両側にバナナが植わっている、土道を少し歩くと、小高いところに長屋が立っている。郭聯浩は水を担いで、淡々と歩いていく。

「ニーハオ、ニーハオ！」

許炳遂宅だ。その入口には赤のニット帽を被った曽繁餘が今日も座っている。いつもどおり無愛想だが、今日は黙ってタバコをくれる。

郭聯浩がバケツの水を水がめにあける間、許炳遂は、座り込んでお茶をいれてくれる。もし立つことができたなら、一七〇センチはあるか。

「喝茶（茶飲んでけ）！」

張りのある声で琥珀色の、濃い潮州工夫茶を飲ませてくれる。お猪口でグッと一息に飲み干すと、熱さが身体の芯を通っていくのを感じる。いい目覚ましになる。

再び井戸で水をくみ、郭聯浩は許炳遂宅の北側の長屋に回る。

「ニーハオ、ニーハオ！」

ここは賑やかだ。住んでいるのは許若深、許松立、蘇振権。許松立が微笑みながら、何か潮州語で話しかけてくる。指が小さくなった手には、ビニール袋に入った卵。歩くことができないので部屋の前に座っている蘇振権が筆談で通訳する。「振權、松立、二人合送」と書き、顔を上げてニッコリ笑う。二人で飼っている鶏の貴重な卵をわけてくれるというのだ。

朝の陽射しがリンホウの緑を照らし始める。暑くなってきた。

僕らが泊まる長屋を見下ろす高台には方紹平の家がある。墓石を再利用した石段を一〇段ほど登り切ると、いきなり方紹平が茶器を持って部屋から飛び出してきた。僕たちの到着を待ち構えていたようだ。

「来来、来来……」

水くみの三人――郭聯浩、藤澤眞人、僕――に熱いお茶をいれ、タバコをくれる。ここで飲むお茶はいい香りだ。お猪口を飲み干し、わざと「ホーチャ（うまい）！」と言ってみる。方紹平は金歯を見せながら声をあげて笑い、「中国語方言講座」をだみ声で始める。

「潮州語では『ホーチャ』、広東語では『ホーセ』、北京語では『ハオチー』」

毎朝三回は発音練習だ。

村人と僕らの関係構築の背景には、僕らが汗とセメントにまみれ、蚊に食われながら、リンホウ村にトイレを造っていることがあると思う。僕らは建設業者を雇い、彼らの手伝いをする形でワークを進めていく。

リンホウの村人たちはトイレ建設現場にやって来て、珍しい「鬼子」らの様子をニコニコしながら見ている。かつて「鬼子」は銃を持って潮州へやって来た。いま眼の前にいる「鬼子」はクワを振るっている。タバコをふかす曽繁餘は、リズムよくレンガを積んでいく業者らとしゃべり続ける。大きな笑い声に交じって、「ジップンナン」と聞こえる。「日本人」という意味だ。

ワークの合間、マークがキャンパーの輪の中で、今晩のスープに入れる野菜の茎と根をちぎっていると、曽繁餘と許松立も加わり、おしゃべりは延々とつづく。隔離されてきた数十年分を、一気に吐き出すかのようだ。

## 眼の前にある問題

「スラム―犯罪＝リンホウ」。西尾雄志はキャンプ前、リンホウ村についてよくこう言った。僕もそうだと思っていた。しかし、厳しい生活状況や差別の下におかれていても、彼らは自分たちの力で、力強く生きていた。そして、限られた条件でも精一杯、人をもてなそうとしてくれる。

キャンプ中盤のある夕方、ワークを終えた僕は独り村を散歩して歩く。蘇振権の部屋は、トイレの建設現場やキャンパー宿舎から遠い、リンホウ村の一番端にある。蘇振権はちょうど夕食中だった。彼らはまだ日が沈まない一六時半頃に食事を済ませる。小柄な蘇振権は部屋のドアの前でちょこんと足を投げ出して座り、五〇センチ四方の板の台におかずを並べて食べている。

「ニーハオ、ニーハオ！」

彼の手元に、プラスチック製の小さな古い薬の空き瓶のようなものが立っている。

（酒だ！）

蘇振権は晩酌中だ。酒好きの僕の眼が輝いたのか、彼は飲むかと穏やかに勧める。

生活の苦しい彼の貴重なお酒を無駄にしないよう、ちびりちびりとやる。台に並ぶのは、醤油で真っ黒に煮た豚足が少し、そしてパクチー、にんにくのみじん切りに酢を加えたソース、落花生、乾燥したソーセージ、少し肉団子が入っている白菜のスープ。肴もいるか、と蘇振権は身振りで言う。彼は立つことができない。米袋で作った座布団二枚をうまく使って、座ったままお尻を汚さずに部屋の奥から箸を持ってきてくれる。

「ホーチャ（うまい）！」

木々に囲まれた長屋の軒下、労働の疲れ、ゆったりとした夕暮れ時、そして酒。

「謝謝！」

蘇振権は礼はいらないと、指の曲がった右手を振りながら天を仰いで笑うと、タバコの紙パックを開き始め、老眼をシパシパさせながらそこに書く。

「你不怕麻风病人、吾感激」

「你」は「あなた」、「不」は否定文をつくる語で、「麻風病人」は「ハンセン病患者」、「吾感激」は文字通り「私は感激」だろう。僕は「怕」に丸をつけ、「恐怖？」と書いて見せる。蘇振権はうなずく。

「你不是病人、康复者（あなたは病人ではありません、快復者です）」

と僕が書くのを見ると、蘇振権は笑い、変形した両手を顔の前でクルクルさせながら何か言っている。

「後遺症」

僕がそう書くのを見ると彼はさも愉快げに笑い、杯をあげる。

蘇振権があとで書いた「你礼貌、非常好」の「礼貌」の意味がわからず、宿舎の部屋に戻ってから辞書を引くと、「礼儀正しい」とあった。

この日から、僕はワークの合間を見ては蘇振権のところにいく。

ある日、彼は竹かごを編んでいた。あの手で、道具や足を使い、器用に竹を編む。自分で使ったり、村人にあげたりしているそうだ。あの晩の料理も彼が作ったという。歩けない彼が、あの手で、薪で、だ。

蘇振権には悲壮感がない。限られた条件下でも楽しみを見つけ、力強く生きている。かつてハンセン病を病み、隔離され、生きるために労働した。牛を飼うのがうまかったという。そして、身体を壊し、歩けなくなった。

それでも、蘇振権は生き抜いた。ハンセン病を病んだという事実を克服し、それとうまくお付き合いしながら今日まで生きてきた。

その一方。

（おれは、何なんだ？）

自分がちっぽけに思えて仕方がなくなる。ハンセン病を病むということと、就職できないということを比較しているのではない。それぞれの人にとって、眼の前にある問題は問題だ。ただ、それに立ち向かう態度、それを克服しようとする精神力が違う。蘇振権には、リンホウの人々にはそれがある。力強い魂がある。――僕には、ない。

もっと、もっと、蘇振権の人生を知りたい。もっとリンホウの人々のことを知りたい。もっと、もっと自分を磨きたい。何かが僕の中で音をたて始める。

## 体験が点ける燎原の火

一一月一七日、リンホウを去る日。昨日の雨が嘘のように、空が青くさえ渡る。

マークは今日、僕たちを潮州市内まで送るため、久しぶりに村にやって来た。初日の水くみ以来、マークは村人と打ち解けているが、まだ村人と触れ合うことはない。中国の人々は肩を組んだりするのが大好きなのだが。

朝八時すぎ、村人一人ひとりに別れを告げて回る。静かにお茶をいれる許炳遂から、いつもの威勢は消えている。合計で六杯飲む。

蘇振権が紙片をくれる。

「諸位日本朋友、你們好、身体健康、祝你們一路平安。敬礼再見」

僕は蘇振権と握手し、消えそうな声で、

「再見」

彼に聞こえただろうか。

昨晩飲んだとき、蘇振権はこう書いた。

「今晩的酒就離別酒」

歩ける村人は僕らの宿舎の前に集まっている。あとは、蔡玩銀、蔡玩卿のところへだ。

「ハア、ハア、ハア、ハア……」

薄光が射し込む部屋で、蔡玩卿は薄い布団をかぶり、うつぶせに横になっていた。

彼女の視力はほぼゼロだ。歩くこともできず、一日中木の板のベッドに座って爆音でラジオの潮劇を聞いている。水くみで僕らが毎朝彼女を訪れても、蔡玩卿はただただラジオを聞いているだけだった。しかし、キャンプ後半からは彼女の方から「ニーハオ、ニーハオ」と声をかけてくれるようになり、ラジオを切り、毎朝タバコをくれた。

その蔡玩卿が臥せっている。彼女が搾り出す言葉を、入り口に佇むマークが訳す。僕らの帰路の安全を祈る言葉だ。

ときどき、苦しそうに息が高くなる。蔡玩卿は、彼女の手をさすっている島倉陽子に、おまえさんは親切だね、と泣く。蔡玩卿の涙を拭く松村泉。

僕はいたたまれなくなり、外に出て座り込み、怒りに尾《び》てい骨を震わせて、泣いた。隔離が憎い。郭聯浩は僕の肩に腕を置き、

「蔡玩卿はおれの姉貴みたいなもんだ。みんな死んでいく……」

と涙を流し、声をあげて泣く。

部屋から蔡玩卿の声がする。

「私のことは心配しないで、安心して日本に帰りなさい。謝謝、多謝……」

マークは彼女の部屋に入り、しゃがみこんで蔡玩卿を見た。島倉陽子はひざまずいて蔡玩卿の手をさすりつづけている。

と、マークは、木のベッドに近づき、指が小さくなった蔡玩卿の手をその両手で包み込んだ。しばらく動かないマークと蔡玩卿。

「謝謝你、多謝你」

蔡玩卿はそう繰り返す。

「これが、ハンセン病を病んだ人の最期だ」

中庭に戻りながら言うと、マークは横を向いて眼を落とし、二度三度うなずく。

あんなに優しいおばあちゃんが、なぜ、家族に看取られもせずに死ななければならないのか。ハンセン病を病んだから？　顔や手足が変形しているから？

蔡玩卿や蘇振権が家族と普通に会うことのできる環境をつくりたい。

中国の学生がワークキャンプに参加し、組織できるようになり、村に人の流れを呼び込むことができれば、外の人が村を訪れるのは特別なことではなくなるだろう。そうすれば、家族も村に来やすくなるだろう。

## ワークキャンプの精神

帰国後、マークからの手紙がポストに舞い込む。

「初めはワークキャンプのことを何も知らなかった。燎太郎が助けを必要としていたし、日本の文化を知りたかったからキャンプに来てみた。最初は、通訳だけすればいいと思っていた。でも、想像を超えた現実が待っていた。村は街から遠く離れていて、村まで行くのは大変だった。そのうえ村の生活状況はとても苦しかった。

初日、荷物を置いた後、村人の家に一緒に行ったね。何人かの村人は足がなく、指がなく、目が変形していた。僕は少し恐かったが、敬意を払った。それでも、僕はまだ病気を恐れていた。だから、燎太郎が村人と握手するのを見て本当に感動した。

君たちと一緒にいればいるほど、だんだん深く君たちのことを知るようになった。協力の精神――たとえば食器を一緒に洗うこと、独立の精神――たとえば言葉もわからないのに市場に自分たちだけで行くこと、働き方――歌を歌いながら食器を洗ったり、汗を流した後にビールを飲んだり。

キャンプ最終日のことは忘れられない。人生における重要な教訓を学んだ。あのとき、蔡玩卿のうめき声を聞いたとき、彼女の手を君たちが握ったとき、君の涙を見たとき、僕は、人生は短いと思った。僕たちは気遣いを示さなければいけないと思った。いつか僕たちも年を取り、病気になり、助けと愛を必要とする。いまでは家族のことが前よりも好きになった。僕は人を愛することを教えてもらったと思う。

僕たちのワークキャンプに参加する人をどんどん増やそう。僕のように、ワークキャンプは人の人生を変える。初めはまったくわからなかったけれど、いま、僕はワークキャンプの精神を理解し始めた。」

この手紙でマークは「『僕たちの』ワークキャンプ」と書いている。

蘇振権との酒は、「離別酒」にはしない。火は、放たれた。これが、華南の枯野に燃え移り、燃え広がっていく。

## 後記

二〇〇三年三月、僕らはリンホウ村に戻り、第二回ワークキャンプを開催し、村の家屋を建て替える。このキャンプにはマークの同級生たちが日帰り参加し、韓山師範学院にワークキャンプ団体を設立する機運が高まる。同年四月、大学卒業直後の僕はリンホウ村に住み込み始め、マークらの動きを確実なものとしていく。八月には同学院の学生一一名がキャンプに全日参加し、一〇月にはワークキャンプ団体 Care & Welfare が設立される。

この頃僕は広州の学生をもヤンカン村キャンプに巻き込み、彼らは Friends というワークキャンプ団体を広州市広東商学院に設立する。同年暮れから二〇〇四年五月にかけては、広州や日本のキャンパーとともに広東省西部、広西壮族自治区、雲南省の快復村を調査し、二〇〇四年八月には広東、広西、雲南でキャンプ七つが開催される。

しかし、急激にキャンプ地が増加したため、キャンプの情報は錯綜し、コーディネーターになる人材やプロジェクト費用が不足する。危機感を抱いた僕らは、各キャンプの代表を広州に招いて会議を開き、その結果、二〇〇四年八月、ＪＩＡをワークキャンプコーディネーションセンターとして設立し、僕が代表に就任する。ＪＩＡオフィスは、情報・人材・ネットワーキングの三つの機能によって各地区のキャンパーたちをバックアップし、キャンパーたちが自分たちの地域で自分たちのキャンプを組織できるようにしている。ワークキャンプを中国各地のニーズのある場所にもたらし、そしてそこに根付けていくこと——これがＪＩＡの目指すところだ。

現在では冒頭で触れたように、ＪＩＡは華南地方の五つの省にある四五のハンセン病快復村と九つの学校でワークキャンプを開催している。

そして、僕らのこの取組みは二〇〇九年、東南アジア、インドへと飛び火する気配を見せている。

# 第2章

# チェルノブイリ　母なる大地

## ——医療支援活動の一九年間

神谷さだ子

## ベラルーシから来た医師

夕方のTVニュースに松本駅を降り立ったドクターが映し出された。ベラルーシからやって来たという。手に花束を持って、はにかんだようにぎこちなく微笑んでいた。そのときは、ベラルーシという国から医師が何のために日本へ、と関心を持ったわけではなかった。

数日後、地域紙で「ベラルーシから子どもたちが精密検査のために松本にある信州大学にやって来ます。世話をするボランティアを募集します」という記事を目にした。私の片言のロシア語でも、子どもたちの遊び相手にだったらなれるかもしれない。そう思い、事務局に電話した。このときから、私の生活が大きく回転し始めた。

長野県松本市という田舎で、国際協力、交流活動をしている日本チェルノブイリ連帯基金（JCF）があることを知った。自転車を走らせ、浅間温泉の北に位置するお寺に向かった。本堂の屋根裏部屋が事務局だった。そこで突然、件の若いドクターに出会ったのだ。ミハイル・ボガチエンコというゴメリ州立病院小児血液病棟の医師だった。英語でのコミュニケーションもうまくいかず、引きこもりがちだと当時の事務局長をしていた住職に相談された。片言のロシア語で、声をかけてみた。

「こんにちは、研修はどうですか？」

「別に、何も……」

ミーシャ（ミハイルの愛称）は眉間に縦線を二本寄せ、にがりきっていた。

「僕が日本で学んでも、何もならない。日本とベラルーシでは、医療のレベルが違いすぎる。薬も検査の機械も、ベラルーシには何もない。日本で学んだことを、国に帰ってから、活かせるわけじゃない。医師になる教育システムさえまったく違う。……僕がこうしている間に、ベラルーシに残してきた子どもたちは絶命していく。いつもとても心配だ」

**チェルノブイリ原発事故の深刻な被害**

一九九一年冬、ＪＣＦが初めてチェルノブイリ原子力発電所の爆発事故による放射能被災地を訪れたとき、行く先々の病院では、患者を抱えながらも何をどうしていいかわからない、未曾有の事故に対して困惑した多くの医師たちに出会った。旧ソ連邦解体直前のロシアは、宇宙開発と軍事費に国家予算の大半を使い、医療福祉は日本の二、三〇年は遅れていた。

チェルノブイリ原子力発電所四号炉の爆発事故によって大気に拡散した放射性物質は、広島型原爆の五〇〇倍ともいわれている。事故が起きたのは、一九八六年四月二六日午前一時二三分のことだった。出力試験の最中に暴走し、火柱を吹き上げ、建屋を破壊した。発電所で働く労働者とその家族が暮らす人口五万人のプリピャチの町から、人々の緊急避難が始まった。ウクライナの首都キエフからバス一二〇〇台が集められ、とるものもとりあえず、人々は町を脱出した。二度と戻ることができないとは、思ってもみなかったそうである。

私は、一九九二年夏、初めてプリピャチを訪れた。かつて科学技術の粋を集めた原子力発電所、そこで働く人々の誇りだった町は、映画館、デパート、大きな観覧車のある遊園地がそのままに残っていた。しかし、ひとっ子一人いないゴーストタウンだ。

「ここに、コパチ村がありました」

と案内者が指差す先には、灌木と草木が伸び放題に荒れていた。残った廃屋に入ってみた。セルロイドの人形が捨てられたままになっている。この家には、小さな女の子が家族と暮らしていたのだろう。

「村の地面は掘り起こされ、土は捨てられました。村は地図から消されていきました。『埋葬の村』です」

原発のあったウクライナ・ロシア・ベラルーシの三国で、こういった埋葬の村が五〇〇以上ある。かつては素朴で豊かに暮らしていた人々の生活が、たった一回の事故で壊されてしまった。私は、鉛とコンクリート三〇万トンで固められたチェルノブイリ四号炉の前に立っても、放射能が目に見えず、匂いもなく、五感に感じられないままに、これといった感慨もなかったが、かつて近代的な町だったはずの原発労働者の街プリピャチがゴーストタウンとなったり、古くからつましい人々の暮らしを綿々とつないできた豊かな村が、住む人がいなくなっていくにつれ、温もりがなくなって朽ちていく様子を目の当たりにしたとき、これが原子力発電所の事故なのかと戦慄した。

チェルノブイリの放射能被害としては、直接被曝を受けた建屋の消火作業に関わった消防士たち三一名が死亡し、その後も全ソ連邦から集められた兵士や炭鉱労働者たち約六〇万人の健康被害がある。そして原爆と違って放射性物質が怖いのは、目に見えない微粒子が風に飛ばされ、雨とともに降下し、遠く離れた地域にもチェルノブイリ原発周辺と同じくらい高汚染のホット・スポットと呼ばれる汚染地をつくっていることだ。

そこで暮らしている人々は、川で魚釣りをする。牛を飼ってミルクを搾る。森に行って、きのこ狩りをする。昔からの生活習慣を変えることができない。放射能は見えないのだから。魚やミルクから食物連鎖によって、体内に放射性物質が蓄積されていく。広島・長崎の原爆症がいまなお克服されないように、長いスパンで見守っていかなければならない。

折しも、四月二六日は春の暖かい一日。人々は、畑地に出て、ジャガイモの植え付けをしていた。子どもたちは、五月一日のメーデーに備えて、行進の練習を繰り返していた。事故のことは、四月二九日付共産党機関紙『プラウダ』のベタ記事として載ったに過ぎなかった。少しでも早く、子どもたちにヨウ素剤が与えられていたら、甲状腺への被害はこれほどまで大きくならなかっただろう。もともとヨウ素不足で甲状腺が肥大する風土病がある地域に、空から放射性ヨウ素が降ってきた。成長期にある子どもたちの甲状腺にいち早く取り込まれ、発症した。小児甲状腺がんがチェルノブイリ原発事故の影響だと公式認定されたのは、一九九二年だった。

## 「知られざる国」ベラルーシからのＳＯＳ

一九九〇年秋、ウクライナで合弁企業を経営している日本人から、「キエフで子どもたちに白血病が増えている。この国の医療では救うことができない。助けてほしい」という要請が届いた。ロシアやウクライナは、かつて冷戦時代、鉄のカーテンの向こうにある、日本人にとってはなじみのない国だった。チェルノブイリ原発事故の直後、茨城県東海村の原研施設で観測された日本上空の放射能値が急激に上がったこと、イタリアから輸入されるオリーブやスパゲッティが、港の食品検査でチェックされ、水揚げされなかったというニュースは知っていた。

「原子力発電所が大爆発―放射能汚染―子どもたちがさまざまな病に苦しんでいる」――漠然とした図式を思い描いてみたものの、当時、外国への支援活動に何の経験もない市民に何ができるだろう。とにかく、何が起こっているのか見てみよう、とＪＣＦ／第一次訪問団がかの地に向かったのは一九九一年一月のことだった。

ロシア・ウクライナ・ベラルーシの小児病院を訪れた。放射能災禍では、がんが増えるのではないか、とドイツやアメリカから抗がん剤が支援されていた。しかし、粗末な棚に積まれたままだった。現地のドクターたちは薬品の使い方を知らなかったのだ。

この渡航で私たちは、初めてベラルーシという国を知った。大国ロシアとロシア発祥の国ウクライナに挟まれた、日本の半分くらいの面積の国で、人口は約一千万人。西側はポーランド、北はエストニア、ラトビアのバルト三国。チンギスハンの襲来から独ソ戦に至るまで、絶えず国境線が変わってきた国だ。

チェルノブイリ原発がウクライナの北端にあったため、事故当時折から吹いていた黒海からの南風に乗って、大気に舞い上がった放射性物質の七〇%がベラルーシに降下した。事故から二三年を経た今日でも、汚染された大地に二〇〇万人弱の人々が暮らし続けている。

発電所の除去作業に駆り出されたベラルーシの小さな村の若者が帰ってきた。保健局で放射能測定をすると、髪の毛、肩に当てたガイガーカウンターが鋭く反応した。チェルノブイリからは二〇〇キロも離れたゴメリ州チェチェルスクでは、市役所前の広場の前の灌木が一平方メートル当たり二二〇キューリー以上だった、という。

## 現地で日本人にできること

日本からお医者さんがやって来た。この地で日本人を見るのは二度目だと言われた訪問団だった。一人の女性がホテルに訪ねてきた。甥が白血病です、助けてほしい。翌日、母に伴われたウラジーミル君がやって来た。お母さんは、

「この子を日本に連れて行って、治してほしい。日本の進んだ医療で、ウラジーミルの命を救っ

てほしい」

と懇願してきた。彼を日本に呼んで、治療するよう手配しようかと迷っていたときだった。

「一人の子どもを日本に連れて行って治療するそのお金があれば、私たちが、ここで、一〇人の子どもの治療をします。私たちにはモノがないだけです」

こう言い切ったのは、タチヤーナ・シュミヒナ先生だった。放射能被害で子どもたちに白血病が増えるだろう、と小児科から小児血液病棟を独立させ、頑張っている女医さんだった。ゴメリ州立病院はベッド数が一六〇〇床、ゴメリ州の基幹病院だ。

しかし、一九九一年当時、信州大学の小児科教授だった小宮山淳先生は血液病棟を訪れ、こう言った。

「なんて悲しいんだろうね。白血病はとても治療が難しいのに、ここには、それ以前の問題があります。子どもたちの顔に黄疸《おうだん》が出ている。肝炎ですね。注射器はどうなんでしょうか。使い回しで使っているんじゃないですか。感染症対策はできているんでしょうか」

白血病の治療以前にやるべき問題がいっぱいあった。当時すでに日本では、ディスポーザブルが当たり前になっていたにもかかわらず、ベラルーシでは、注射器は繰り返し煮沸消毒しているという。

臨床検査室に案内された。机の上に形も厚さもバラバラのガラスの破片があった。

「これは、何?」

と聞くと、

「私たちは、血液標本を作るために窓ガラスの破片を使っています。プレパラートグラスがありません」

という答えが返ってきた。包帯はもちろん、手袋も何度も洗い、使い回していた。

タチヤーナ先生は、自分たちがこの地で子どもたちの治療にあたる。子どもたちを守ります、と自信に満ちた表情で言い切った。それは、臨床医としての誇りと愛情に満ちた言葉だった。直線距離で九千キロ、こんなに違う医療環境を目の当たりにし、私たちはどう向かい合っていったらいいんだろう。

ゴメリからモスクワまで一五時間の夜行列車に揺られながら、ただ、タチヤーナの言葉に惹かれ、日本から、現地医師を応援することによって「チェルノブイリの子どもたちの命を救おう」と気持ちが固まっていった。あくまで、現地医師の自立自助を応援する形で、日本から必要な医薬品や医療器材を送る。そして、何もない病院に対して、私たちが早急にしなければならないことを挙げた。
一、移動検診車を使って、現地での検診を充実させる。
二、若手医師を日本に呼んで、日本の医療知識・技術を学んでもらう。
三、設備のないベラルーシから、リスクの高い子どもたちを日本に呼んで精密検査をする。
四、現地医師に使い方を伝授しながら、医薬品・医療機器を贈り、医療環境を整えていく。

## 日本での支援活動

日本に帰り、募金を呼び掛ける一方、郵便局の国際ボランティア貯金の配分金を得るなど、めまぐるしい勢いで、支援活動を展開していった。

ミハイル・ボガチェンコ医師を信州大学医学部小児科に研修に呼んだのは、その一環だった。ミーシャは、タチヤーナ医師のもとで働き始めた若い小児科医だった。ある程度英語でのコミュニケーションが可能な若手医師ということで選ばれて日本にやって来たのだが、ドイツ語・フランス語が第二外国語で選択され、第二の都市ゴメリでも英語ができる人はほとんどいないという国だ。ミーシャの（自分が学んでも何にもならない）という閉塞感は私の心にポッカリと大きな穴を開けた。まだ、遠く北アルプスの山々に雪形が残る初夏の浅間橋を帰る途中、胸に冷たく乾いた風がヒューヒューと吹き抜けていった。

千葉県こども病院にロシア語を話すドクターがいる。東京から日本に留学しているロシア人学生にも応援してもらおう。こうして、多くの人々の協力を得て、ミーシャの語学力もみるみる高まり、三か月の研修は、無事に終わった。

しかし、帰路につくミーシャを見送りに松本駅のプラットフォームに行ったときも、私はまだ何も言えなかった。安易に「頑張って」とか「気をつけて」という言葉が出なかった。舌の粘膜に浸潤してしまったかのような乾いた哀しみを抱えて、チェルノブイリへの関わりが始まった。

## 事故後遺症としての小児甲状腺がん

一九九二年、イギリスの科学誌『ネイチャー』に、ミンスク医科大学教授であり、第一病院の甲状腺疾患専門の第一人者であるエブゲーニー・ジェミチク氏の「チェルノブイリ事故による小児甲状腺がん」という論文が掲載された。それまで、事故による被害者は初期消火作業に関わり死亡した三一人のみということだけが公式認定されていたので、画期的な出来事だった。

ベラルーシに限っていえば、事故以前は一〇年間で七人だった小児甲状腺がん発症が、事故後一〇年間で五〇四人、他の甲状腺疾患も、ことにウクライナに隣接して汚染されたゴメリ州に圧倒的に増えている。これは明らかに、チェルノブイリ事故によって放出されたヨウ素が原因だと認定された。ＩＡＥＡ（国際原子力機関）とＷＨＯ（国際保健機構）は追随する形でこのことを公式承認した。

広島・長崎の原爆後遺症認定が、実際に苦しんでいる人ではなく、爆心地から何キロ以内で被爆したとか、放射性物質以外には原因が考えられないような症例以外には認められないように、広範囲に低線量内部被曝が懸念されるチェルノブイリ晩発性障害を、科学的な論拠を基に救っていく道は厳しい。しかし現地に行き、そこに、汚染の大地に暮らす人々に会って、日常が放射能の危険にさらされている現状を普段の言葉で聞くとき、科学的論拠の力と現実の生きる力とのバランスの狭間で、私たちの思考は自ずからそこに暮らす人々のありさまに向かっていくのだった。

**日本での検診**

報道を受け止める私たちに問題があるのかもしれない。チェルノブイリ高汚染地から、子どもたちが精密検査を受けるために日本にやって来る、と聞くと、「かわいそうな子どもたち。きっと、弱っているだろう。将来に希望が持てないだろう」と勝手にストーリーを書き、先入観を持って迎えようとしてしまう。

日本からエコーを運び、検診した結果、リスクの高い子どもたち二一人が、日本にやって来た。一九九二年一〇人、九三年一一人。現地の病院に医薬品や機器を贈る一方、彼らを迎える準備に私たちは忙殺されていた。電話回線は少なく、時差七時間（サマータイム時は六時間）でやり取りは困難を極めた。

しかし、成田に降り立った子どもたちは、みな可愛かった。少女たちは、髪に大きなリボンを付け、やはり初めての日本に興味津々といった様子だった。

第一次訪問団が、モスクワの科学アカデミーに寄って、チェルノブイリの報告を聞いたとき、ヒトロフ教授が、鎌田實理事長の手を取って、こう言った。

「一粒の子どもの涙は全人類の悲しみより重い。チェルノブイリの子どもたちの命を日本の進んだ医療で治してやってください」

「一粒の子どもの涙は全人類の悲しみより重い」――これは、ドストエフスキーの長編小説『カラマーゾフの兄弟』の一節から引用されたものだった。何の罪もない子どもたちの命が危険に晒されている。子どもたちの未来が、たった一回の原子力発電所の大事故により拡散した放射性物質によって、ダメージを受けている。

一九四五年八月、突然日ソ不可侵条約を破り、当時の満州・樺太に侵攻してきたロシア、遠く冷たい国ロシアとつながろうとする私たちに対して、「どうして、そんな国に支援をするのか」と反対する人たちの声も事務局に届いた。そんなとき、ヒトロフ教授から託されたこの言葉によって、「罪のない子どもたちの悲しみに寄り添うことは、政治・経済・国境に関係のないことだと思う」と、私たちは活動を進めるに当たって内面から勇気づけられた。

わずかな日本滞在中に、私たちは朝ごはんでワカメの入った味噌汁を子どもたちに勧め、日本人はヨウ素を食べ物から取っていると説明しようとした。しかし、子どもは子ども、彼らはアイスクリームが大好きで、海藻によるヨウ素摂取などにはまったく興味を示さなかった。

しかし、ベラルーシの隣国ポーランドでは、事故を知るやすぐ児童にヨウ素剤を飲ませた。子どもたちが放射性ヨウ素を取り込み、甲状腺にアタックを受けなかったことは言うまでもない。このことは、原子力発電所を現在五六基国内に有している日本にとって、大きな教訓を与えてくれた。原発立地地域では、万が一に備えて、ヨウ素剤の備蓄が必要だ。そして、風向きにもよる放射性物質の飛散を考え、また、さまざまな放射性物質を使う事業所が全国至るところにあることを思うと、市町村単位のヨウ素備蓄が必須となる。

幸いなことに、ベラルーシから来たハイリスクの子どもたちの中には、がんは見つからなかった。しかし、引き続き、見守っていかなければならない。ＪＣＦは定期健康診断を続けた。

## 拡がる支援の輪

支援を始めてから三年後の一九九四年、私たちは、ベラルーシ保健省と共催で、ゴメリ医科大学とチェチェルスク文化会館でチェルノブイリ問題シンポジウムを開催した。ＪＣＦが大学など研究者とともに行った調査結果は、必ず現地に報告し、還元しなければならないと小さな報告会を行ってきた。環境汚染調査、小児甲状腺がんのチェチェルスク地区での健康診断調査、小児科の血液ＮＫ（ナチュラル・キラー）細胞の活性調査など、ＪＣＦが信州大学と協力して行ったフィールド調査の結果を報告した。

モスクワ事務局のミハイル・モチャロフとミンスク第一病院を訪問し、ジェミチク教授に会った。日本の研究者とともにチェルノブイリのフィールドワークについて報告し合い、ともに検討し合うシンポジウムをゴメリとチェチェルスクで開きたいと話した。

ジェミチク教授は、ベラルーシの汚染地図を示しながら「チェチェルスクはどこだ？」と聞く。チェルノブイリの健康被害が世界的に認められる論文を挙げた教授も、ＪＣＦが活動を始める拠点となったゴメリ州チェチェルスク地区、そこに暮らす人々にまでは、関心が向いていなかったということだろうか。

しかし、ゴメリ州執行委員会、チェチェルスク地区執行委員会の厚い協力を得て、一九九四年五月三日、チェチェルスク文化会館にベラルーシ保健大臣Ｂ・Ｃ・カザコフ氏がやって来た。約三〇〇人の会場は満員だった。赤や緑、鮮やかな色のプラトークを被ったおばあちゃん、子どもたち、私たちＪＣＦのメンバーは、それぞれの持ち味を活かして大熱演した。信州大学での診断では、とくに重篤な子どもはいなかった。

ＮＫ活性調査においても今後のフォローによると調査研究発表をされた、当時第二外科の飯田太教授、小宮山教授。チェチェルスク保健局と地区内数か所を定点観測して、食物の汚染度調査をしてきた東京大学アイソトープ研究所の小泉さん。日本国内でのチェルノブイリ支援活動について報告する牟田悌三さん、この日のためにオリジナル曲を作りロシア語で歌う小室等さん。会場ロビーでは、来場した子どもたちの似顔絵を描く画家の貝原浩さん、前日から現地の女性や日本から同行したサポーターたちと準備したボルシチやピロシキを振る舞う大友慶次さん。小室さんがギター一本で歌うロシア語の『ベラルーシの少女』には、会場から「ブラボー！」の声が鳴りやまなかった。

それぞれが、現地の人々にとって何が必要かを考え、それぞれの関わりの中で工夫した報告会だった。俳優、歌手、日本国内でも超一流の方たちが、チェルノブイリと向き合い、自身を表現した。NGO活動の面白さは、こんなところにもあった。

## 末梢血幹細胞移植の実施

五月四日から会場をゴメリ医科大学に移して、近隣諸国からやって来た環境物理、医学、多方面の学者たちがチェルノブイリ被害について検討するシンポジウムが開かれた。その席上で、ゴメリ州立病院の小児血液病棟タチヤーナ・シュミヒナ先生は、発表した。

「私たちはすでに二年寛解率(二年間安定した状態)を問題にしなくなりました。七年寛解率が七〇%になりました」

急性リンパ性白血病は、白血病の中でも、リスクが低く、予後がいいといわれている。一九九一年、初めてゴメリにやって来たとき、二年間、安定した状態が続く患者は二〇%に満たなかった。しかし、感染症対策をし、抗がん剤・抗生物質を使う化学療法によって、二年間安定した状態を保つことが可能になったばかりでなく、七年間、安定するところまで治療成績が上がったのである。会場からは、「オー」というどよめきが上がった。このときから、末梢血幹細胞移植という移植治療をゴメリで行えるようにという構想が始まった。

タチヤーナ先生と臨床検査室主任ガリーナ・イワーノブナ先生を日本に呼び、移植治療を行っているさまざまな施設を見学してもらった。末梢血（自家血を作る幹細胞）を取り出して凍結保存し、その間にがん化した白血球を徹底的に叩く、そして、免疫拒否反応の少ない自家幹細胞を戻すという治療だ。

一九九七年二月一三日、ベラルーシの児童に初めてこの治療が行われた。患者は、アンドレイ君、八歳の少年だ。二年前に、白血病が発症した。ゴメリから車で一時間半のジロービンという町に住んでいた。父と母、妹の四人家族だった。アンドレイ君の発病に、両親は心血を注いで立ち向かっていた。タチヤーナ先生は、この国で初めての児童に対する末梢血幹細胞移植の患者にアンドレイ君を選んだ。信州大学小児科小池先生も、アンドレイ君の両親と会い、治療について説明した。お母さんは涙ながらにこう言った。

「この子にとって、これが最後のチャンスです」と。

小池先生は、アンドレイ君のお母さんが、きわめて冷静にアンドレイの症状と治療についての説明に耳を傾けてくれたことに、感謝した。

二月、信州大学から臨床検査技師、看護師、医師を合わせ、延べ一八人の医療関係者がベラルーシに向かった。ゴメリ州立病院でも、院長以下放射線科、臨床検査室医師、小児血液病棟の医師たちが揃って、アンドレイ君の命を救おうと集結した。チーム医療——小児科の医師たちはいつもこういわれる。みなで実現し、継続していく医療である、と。

二月一三日、アンドレイ君の移植が終わって、安堵したお母さんとお父さんの笑顔。初めての治療を終えた医師たちの安堵の笑顔。それを支えた州執行委員会の力、すべての顔に、安堵とお互いをいたわり合う笑顔が満ち溢れていた。

移植から二週間後、私は小池先生の渡航に同行した。モスクワから一五時間の夜行列車に揺られながら、小池先生が言われた。

「僕は、日本にいるときよりも、ベラルーシにいるときの方が、本当の医者になれるかもしれない。日本では、患者を目の前にしながら、コンピューターに表示された検査結果を読みながら、診断する。治療法もその診断に基づいて、決めていく。患者の前に座り、体温を直接掌で感じながら、動きを目の当たりにして体調を見ていく、医療機器が整備されていないベラルーシの方が、本当の医師としての仕事をしているのかもしれない」

精密な検査による正確な診断、それに基づいた的確な治療——とは、ミーシャが日本にやって来たときに、小宮山先生がミーシャにかけた言葉である。個人の塩梅によらず、誰もが同一の基準で病状を判断していく現在の医療システムにも、やはり限界があるのだろう。医療もまた、一人ひとりの命に寄り添うものだと、小池先生の言葉から、改めて考えさせられた。

## 命に寄り添い、命をつなぐ

アンドレイ君は、順調な回復で、二週間後には白血球数が立ち上がってきた。この治療の責任者となったのは、一九九二年、信州大学で研修をしたミハイル・ボガチェンコ医師だった。タチヤーナ先生は、若いミーシャに現場治療を任せて、自らは病院内の調整役に回っていた。小児血液病棟から廊下続きに集中治療室が設けられた。感染症を防ぐために、空調設備から排水管の設計まで、小池先生が目を配った。クリーンベッド、セルセパレイター、大型冷凍庫、また、移植に至るまでのクリーンベンチ、フローサイトメトリーの導入とトレーニングには、たくさんの専門家と技術者の力が結集していった。

二人目のオレーシャさん、そして三人目のロバフ君の治療のときには、ほとんどがミーシャとイーゴリ・イスクロフ先生の手によって行われるようになっていた。私は、毎日ゴメリに定時連絡をし、その日の容態を聞き、小池先生に連絡した。「体温は？ 白血球数は？」。ところが、二週間が過ぎても、ロバフ君の白血球数は立ち上がってこなかった。このまま経過すれば、感染症にかかってしまう。放ってはおけない。この頃は、毎朝、目を覚ますと祈っていた。「どうぞ、今日こそは、ロバフ君の白血球数が立ち上がってきますように……」。

活動報告会の席上で国際協力について話すことは、「九千キロ離れて私たちができることは、祈ることだけです」ということだけだった。環境を整え、できることはすべてやった。一人の子どもの命に寄り添うこと——医師をはじめ看護師、検査技師の方々とともに、何もできない一市民である私たちは、ただただ空に向かって祈るのみだった。

四週間経って、白血球数が立ち上がって来た。三〇〇から六〇〇、一二〇〇と日ごとに倍になっていった。これで大丈夫。私たちは胸をなでおろした。一三歳のロバフ君に大人並みの体力があったことが幸いしたのかもしれないと小池先生は言われた。偶然、ラッキー、最新医療のベストを尽くして後、命をつないでいくのは、人為を超えた何か……のように思えるのだった。

小児白血病治療が軌道に乗りつつある頃、甲状腺専門医の菅谷昭さんが、ミンスクに向かった。現地に常駐し、甲状腺手術の方法を伝えていくことを目的にしていた。

一九九一年、初めての検診を終えて、菅谷さんは子どもたちと一緒に写真を撮った。帰国して、現像された写真を見て、私たちはびっくりした。一五〇〇人もの検診が終わって、ホッとしているのは菅谷さんだけ。子どもたちは、みな緊張してこわばった顔をしている。喉元に手を当てて、手術の大きな傷跡を隠している子もいる。甲状腺を全部摘出しなくてもよかったかもしれない。切れない電気メスを使った手術の後は、ミミズ腫れのように残っていた。甲状腺がんは致死の病ではない。しかし、子どものうちに摘出手術をし、一生ホルモン剤を飲み続けなければならない例は、世界に例を見ない。この風下の子どもたちに背負わされた災禍だ。放射性物質は大気や土壌を汚染し、未来永劫人々の健康を脅かし続ける。子どもたちの涙は理不尽な人為の事故がなせる業である。そのことが許せないのだ。

菅谷さんの滞在にあわせて、日本の支援者からたくさんの寄付が集まり、電気メスはもちろん診断のためのエコー、外科手術用具を積んだコンテナをミンスクに向けて発送した。

## 信頼できるカウンターパートの存在

ゴメリ州立病院での白血病治療が順調に進みだした。

二〇〇〇年春、現地保健・医療者、行政関係者等と中間評価をする会議を行った。チェルノブイリ事故後の放射能被災地での活動に対し、ベラルーシと日本双方によって成果目標の達成と今後の支援について話し合い、村人への健康診断も行う、訪問団だった。

会が終わって、小児血液病棟の医局に寄った。ふと、ミーシャがデスクの机の引き出しから三冊の大学ノートを取り出した。

「僕は、今でも、何か困ったとき、わからないことがあるときは、このノートを取り出してみます。昨年から衛星通信で、信州大学の先生たちと相談ができますが、ノートはいつでも大切なものです」

それは、一九九二年、短期研修で信州大学に来ていたとき、学んだ記録だった。あのとき、医療環境があまりに違う中で、こうして研修する意味があるのか、と落ち込んでいたミーシャが、そのときの記録ノートとともに、こうして大きく成長し、ゴメリでの小児白血病を担っている。

私は、ミーシャの姿から、物事は三年もしくは五年スパンといった、いわゆるＮＧＯ活動で設定される成果見通しだけでは、測れないものだと強く思った。

医療支援としては、医薬品を送った。医療機器を設置した。それが最終目標に設定されがちである。しかし、個々の患者の症状、治癒力はまったく違う。スタンダードはあくまでスタンダードであって、個々の患者に対する医師の経験に基づいた治療が功を奏すのではないかと思われることに、白血病治療にはそれが当てはまる。

支援の目標は、物を支援することではなく、それによって「現地医師が子どもたちに治療をする」ことなのである。さらに、それを死亡率改善、治癒率何パーセントと数値でわかりやすく日本の寄付者に説明しなければならない。しかし、その一方、現地の医師たちが自ら治療をすることの自信、日本人医療専門家との間に築いた信頼感は、NGO活動の数値化できない大きな財産であるように思えてならない。

## タチヤーナのがん再発と闘病

さらに、二〇〇二年、私たちは、順調に続いていた衛星通信を使っての診断と治療相談の時間に突然の悲報を受け取ることになった。

毎週火曜日の午後六時、衛星通信システムにスイッチオンする。ゴメリからミーシャが担当している子どもたちの容態について報告し、日本の小池先生のコメントを求める。小池先生は、細かい抗がん剤の数量についても、ミーシャの考えを聞きながら、相談し合っている。子どもたちについてのカンファレンスが終わると、隣で聞いていたタチヤーナ先生がこう切り出した。

「私の乳がんが再発しました。一二年前に発症して治療をし、私はこれまで働き続けることができました。日本にいい薬があると聞いています。応援してもらえませんか」

衛星通信を使ってのカンファレンスでも、いろいろと驚くことが多かった。しかし、タチヤーナからの告白は、私たちを打ちのめした。スイッチを切ろうとするとき、立ち去ろうとするタチヤーナ先生の背中を映しながら、ミーシャがこうつぶやいた。

「彼女はいま、医者ではありません。患者です……」

タチヤーナに背中を押され、医師として成長してきたミーシャはどんな思いだったのだろう。

「薬と医療機器、ものがあったら、私たちがここで、子どもたちの命を守ります」という彼女の言葉に導かれ、励まされてきたのは日本からの支援を謳い活動してきた私たちだった。持つ者から持たざる者への憐みを伴った支援ではなく、対等な立場での協力関係を築いてくることができたのは、タチヤーナの存在があったからだったと思っている。彼女は、いつも毅然としておらかで、そして温かい。

患者である子どもたちが泣いていれば、背をさすりながら抱きしめる。付き添っている母親の悩みを聞く。同僚の医師や看護師たちの面倒も見る。私たち日本からの訪問団の提案に対しても、察しが早い。さながら、みんなのお母さんのような存在である。

骨転移したというレントゲン写真を、信州大学の専門医に診てもらった。結果は厳しかった。

でも、できる限りのことをしよう。医薬品のないベラルーシだから、かえって日本の抗がん剤は画期的に効くかもしれない、と希望を託したりもした。

タチヤーナ先生も、病気と闘った。入院している子どもたち、通院しながら治療を続けている子どもたちも、みな、タチヤーナ先生を心配していた。

「タチヤーナがいつも私たちに言ってくれたように、今度は私たちがついています。早くよくなってください」

タチヤーナ先生が病魔と最期の闘いを続けたのは、ミーシャたち、JCFとともにつくってきた小児血液病棟集中治療室だった。看護師さんたちに両腕を支えられ、歩行訓練をした。そんなときも、私たちには笑顔を見せてくれた。タチヤーナ先生と同期でゴメリ州立病院臨床検査室主任のガリーナ先生は、私たちを見送りながらこう言うのだった。

「タチヤーナは、前向きな人です。でも、いつも、独りで泣いています」

## タチヤーナの死に改めて思うこと

翌二〇〇三年の初月休み明けだった。ベラルーシから、訃報が届いた。一二月二七日、タチヤーナが逝った。三一日には、ゴメリ州立病院小児血液科は、新しく政府の肝いりで完成した放射線医学人間環境センターに移転することになっていた。タチヤーナは最後までこの移転に反対だった。

「血液のがんは、総合診療科のあるこの州立病院でこそ可能なのです。体のどこの部位に転移しても、この病院にいる専門家が診ることができます」

まだ、小児血液科の廊下を忙しく走り回っているタチヤーナ先生に訴えられ、州の保健局長やベラルーシ非常事態省大臣にも相談してみたが、国の方針にそれ以上介入することはできなかった。

海外支援、文化交流活動における大きな限界であろう。そして、タチヤーナ先生をおくったいま、改めて強く思う。海外支援にとって、何よりも大切なこと。それは、信頼できるカウンターパートにめぐり合うことだと。

プロジェクトを構築していくのに、マニュアルなどない。現地に足を踏み入れ、話し合いを繰り返し、ともに協力できる事業を模索し、信頼関係を結んでいく。制度やシステムがまったく違うのはもちろんだ。前回揃えた書類が、今回、同じように通る保証はまったくない。独裁政権によって、通関職員、病院のスタッフは、よりタイトに制限されていく。空港の税関前で数十分、数時間と待たされたり、いわれのない難癖をつけられたりと、いやな思いを挙げたら、枚挙にいとまがない。

では何ゆえ、一九年間、片道二日かかるベラルーシに九二回の訪問団と一二回のスタディツアーを出してきたのだろう。信州大学医学部の若い医師たちのほとんどは、一度行くとまた行きたい、と言う。山がない、水平線が真一文字に広がるベラルーシの大地に心が安らぎ、解放されると言う。また、がんじがらめに管理された日本のシステムの中で働いて、自分のいる位置が見えなかったり、自分のしていることがわからなくなったりすることがある。しかし、医療が遅れているベラルーシに来て仕事をしているときの方が、目的がはっきりしており、自分の役目を認識できるという。

私は？と自らに問えば、返事はいつも決まっている。ロシアを、ロシア的なるものが大好きなのである。惚れている。マイナス三〇度の冬、冷たくされても、通関でつれなくされても、こたえない。これは、惚れこんでいるとしか思えない。それほどに、ロシアの大地は魅力に満ちている。

## 海外支援の新たな段階

アンドレイ君の移植に、日本からメディカル・エンジニアの広浦学さんが参加した。ベラルーシでは初めて使われる医療機器のセットアップと使い方の指導をするためにチームに加わった。無事に任務を果たして帰国した広浦さんには、何かしら腑に落ちないものが残ったらしい。

日本では、まだ十分使える医療機器を、病院の新築移転だからといって、全部買い換える。極端な場合、ドクターが変わったからといって、前のドクターが使っていた手術器材を全部買い換える。ベラルーシには何もないのに、一方日本では、使えるものがどんどん捨てられていく。だったら、日本で捨てられてしまう中古の機器を自分たちでメンテナンスし、ベラルーシで使ってもらったら、どうだろう。

広浦さんは、さっそく仲間たちに呼びかけた。一〇人ほどのメディカル・エンジニアの仲間が互いに声を掛け合って、近隣の病院からエコー、心電図モニター、輸液ポンプ、などなど、JCFの一階倉庫にはたくさんの医療機器が集まった。機器のリストを持って、支援先の病院に聞いてみる。ベラルーシには、臨床工学技士という職種がない。医師たちが自分たちで使う医療機器は全部自分でメンテナンスしている。どうやら、最近になって、医療に特化した資格ではなく、電気技師が病院の機材全般を見ているようである。ドクターの負担が大きすぎるような気がする。日本のメディカル・エンジニアの働きを見てもらいながら、コ・メディカルの重要性を知ってもらおうと張り切った。

## 埋められない認識の差

二〇〇〇年春、二〇トンコンテナ一杯の医療機器をゴメリまで運んだ。必要な科に分けながら、セットアップしていった。同行したスタッフに横になってもらい、テストに入った。すると、現地医師が急に叫んだ。

「私たちには、紙がありません。テストのためにそんな無駄遣いをしないでください」

日本人の私たちにとっては、まったく考えられないことだった。出発前にメンテナンスをしたものの、輸送の途中でおかしくなってはいないかと再度テストした。それだけのことだったのである。モノがない、消耗品を買うための資金もない。それが、連邦崩壊後、経済の混乱を経て、独立国として立とうとしているベラルーシだった。

首都からかなり離れた田舎に行っても、「日本から来た」と言うと、「トヨタ・ソニー・パナソニック、技術の国・日本」と答えが返ってくる。日本の優れた技術力をやはりソフト面を添えて、現地に活かしていこうとプロジェクトは進んだ。

しかし、二〇〇五年、大統領令が大使館を通してファックスで流された。外国からの支援のための中古機器は、製造から五年以内であること、ベラルーシ保健省の許可した機材であることなどが記されていた。

私たちが、中古医療機器プロジェクトを進めながら、いつも心配していたのは、日本で使われなくなった機器のゴミ捨て場にしてはいけないということだった。そのために、年に一回か二回、必ずメディカル・エンジニアが渡航して、これまで設置した機器の稼働状態について調査し、医療機器メンテナンス記録を付けてきた。

大統領令は、チェルノブイリ支援の名のもとに、外国から一部の人に外貨が入るのを懸念した大統領の独裁的支配欲によるものだといわれた。だが、これを機会に「誰だって古いものは、もらいたくないよね。どんなにモノがなくたって、新しいものがいいよね」と、「持てる者から持たざる者へ」の支援の欺瞞、後ろめたさをたしなめられるような気分もあった。

## 支援の現状を再確認する

二〇〇九年三月、広浦さんとこれまでの総括をきちんとしようと、一〇年間医療機器を贈ってきた七病院を訪れ、これまでの支援の意味と今後の協力についてモニタリングしてきた。一九九七年、アンドレイ君の移植が行われた頃とは、隔世の感がある。

街を歩けば、ヨーロッパからたくさんの商品が入ってきている。アメリカスタイルのスーパーも登場した。何よりも、ミンスクからゴメリまで約四〇〇キロの道中に、ドライブインが何か所も開店して、途中のお弁当やトイレの心配がなくなった。

かつて訪問団の必需品は、トイレットペーパーとガムテープ、バスタブの栓にするゴルフボールだった。病院のトイレにも便座がなかった。春・秋には、ホテルの部屋に入るや否や、隙間風を防ぐために持参したガムテープで窓枠に目張りをしたものだ。秋口には、地域の集中暖房の点検期間に当たってしまうと一週間近くお湯が出ない。最初はこんなものかとやり過ごすのだが、我慢できなくなって、エイヤッと水シャワーを使う。長い廊下にギャーという雄たけびが鳴り響いたあの頃。冬の朝、薄暗いレストランで、椅子に座ったものの寒くてたまらず、マフラーを取りに部屋に戻る、マグカップを掌にのせて暖をとったあの頃。今となっては、すべてが笑い話になってしまう、深刻な話なのである。

各病院の院長、科長は丁寧に応対してくれた。一〇年前、日本からいただいた機器は、とても役に立った。いま、私たちは、国から予算が下りて、こんなに設備を整えることができました、さあ、病院中を見てほしいと言わんばかりに先に立って、案内してくれる。首都に近いミンスク州の病院は、十分な医療環境が整った。しかし、首都から遠い、ことに放射能高汚染地にある田舎の病院は、まだまだ素朴である。

このように、海外支援の方法には、さまざまなアプローチがあると思う。現地に長期滞在し、現地スタッフとともに汗を流しながら、問題を解決していく方法。また、日本での生業はそのままに休暇をとって、現地を訪問し、必要な技術や知識を伝えていく方法。三つ目は、一番リスクが大きいといわれる、支援品を贈る方法である。現地にはそぐわないものを贈りっぱなしにしたり、お金だけ贈ってよしとしてしまうような無責任なことにならないように、一にも二にも言えることだが、フォローアップは、いずれの場合も必ずしていかなければならない。

## チェルノブイリは終わっていない――そこかしこにある被曝地

ベトカは、ゴメリ州の東端、ロシア連邦共和国ブリャンスクに接する人口二万人の地区である。チェルノブイリ原発から二〇〇キロは離れている。地区病院のナジェージダ・ジミナ院長が私たちの前にベトカの地図を広げた。

「私たちは、この地区の病院として外来棟、入院のための病院、リハビリセンター、一五の診療所を持って、村人の健康を守っています」

初めてベトカ地区病院を訪問したとき、赤松の林に囲まれた病院の庭には、赤・黄色・ピンクの鮮やかな花々が咲き乱れていた。ナジェージダ院長は、私たちを案内しながら、話しだした。

「一九八六年の事故直後、この庭も大変な汚染であることがわかりました。庭の地面は三〇センチくらい掘り起こされました。もともとベトカは自然が豊かなところです。保養所もありますし、歴史が古く、貴重なイコン博物館もあります。私も、もちろん両親もここで生まれました。生まれ育ったこの地をもっと良くしていきたい。私はここで頑張ります」

設備は素朴ながら、病院の中は使いやすいようにきちんと整頓されている。看護師さんたちの笑顔も絶えない。エネルギッシュで明るい院長を私たちは応援したくなった。

「私たちは『チェルノブイリの子どもたちの命を助けよう』と活動しています。小児科を見せていただけますか」

ナジェージダ院長は、チェブラーシカや可愛いマスコットイラストが壁面を覆っている小児科に私たちを案内してくれた。プレイルームも広い。同行した力丸邦子さんが、日本の絵本の読み聞かせをした。通訳のイリーナ・ニコラエワさんは絶妙のタイミングで、子どもたちに伝えてくれる。子どもたちが日本の物語に、ぐいぐいと引き込まれていくのがわかる。

終わる頃、大きな看護師さんに抱かれた赤ちゃんが入ってきた。ナジェージダ院長は、さっと近づいて、私たちに紹介する。

「この子の母親は、いまこの子を抱いてやることができません。私たちみなでこの赤ちゃんを育てているんですよ」

「私たちみなで育てている」というのが、なんだか嬉しかった。赤ちゃんも親を選ぶことができない。ときに愛情に恵まれず、ときに親の顔さえも知らずに成長していくこともある。でもここでは、看護師さんが、院長先生までもが、この子の母親なんだろう。すこやかに育って、と願うばかりだ。これからＪＣＦが、チェルノブイリ事故以後、変わらざるを得なかったこの地に注目していくとき、この子の成長も楽しみの一つである。

## 支援から協力へ、そして学び合いへ

発育期の子どもたちに発症した小児甲状腺がんは、一九九五年をピークに、いまではヨーロッパ並みになった。今後の問題は、小児で甲状腺を全摘した後、一生飲み続けなければならないホルモン剤によって、どんな後遺症が出るかということである。それは、彼らの生活の質を大きく左右することになる。また、現在では、四六歳以上の大人に甲状腺がんが増え続けている。首都から離れた汚染の地域では、病院に行くことも簡単ではない。この地で検診と治療が十分できるようになれば、と願う。

地域の診療所では、日本の保健師のような「フェイシェル」という、医師と看護師の間の資格を持った人たちが地域住民の健康を見守っている。なかなか診療所にもやって来ないおじいちゃんたちを対象に、村の商店の前で、タバコやウォッカを買いにやってくるお年寄りをつかまえて、血圧測定をするんだそうである。なんだか微笑ましく、地域医療の原点を見るような気がする。

緊急時を越え、お互いに協力し合った。そして、いま、放射能汚染地から私たちも学ぶことがある。支援から協力へ、そして学び合いへと移行していく。放射能災禍は半永久的なもの、息長いスパンで見ていかなければならない。

そして最近では、イラクの子どもたちに白血病が増えている。湾岸戦争に使われた劣化ウラン弾が原因ではないかといわれているが、ＪＣＦは二〇〇四年から、イラクの小児白血病・小児がん支援を始めた。チェルノブイリの経験を生かして、核の災禍に苦しむ子どもたちを救おうと、オリジナルＣＤの販売などで自己資金をつくりながら、海外支援をすることで見えてくるものを日本国内で伝えながら、自分たちの暮らしも見直していきたいと思っている。

# 第3章

# ボランティアと社会的協同組合

斎藤懸三

私はいま六一歳。ボランティア活動なるものに足を踏み入れて四二年経ち、現在は障害のある者、ない者が共に生き働く市民団体「わっぱの会」（事務局、名古屋市）で活動し、生計を立てています。今日の生き方を決めるもとは、文字通り四二年前のボランティア活動に端を発します。

その活動の担い手は、フレンズ国際ワークキャンプ（ＦＩＷＣ）東海委員会という当時は一つの学生サークルでした。私自身が意図的にボランティア活動をしたいと思ったわけではありませんが、何らかの社会的活動に参加したいという気もあり、友だちに誘われるままに参加しただけのことです。そのサークルがたまたま当時、活動先としてそれまでの養護施設から障害者施設へと対象を拡げるときでした。大学に来るまで障害者の「し」の字も考えることのなかった私が、そんなことから「障害者」との出会いを迎えることになったのです。

## 奉仕ではなくワーク

私がＦＩＷＣ東海委員会の活動に参加したのは一九六八年の初頭。東海委員会自体は一九六〇年代の初めに生まれていました。一九五九年に愛知県を中心に東海地方を襲った伊勢湾台風がそのきっかけとなったのです。伊勢湾台風は五千人以上の死者、行方不明者を出した大災害であり、ここに全国各地から災害復旧のためのボランティアが集まり、その中にＦＩＷＣ関東や関西のメンバーもいました。その影響を受けて、この地域から参加したボランティアの若い社会人や学生がつくったのが東海委員会でした。

阪神・淡路大震災と変わらぬ大災害がいまから約五〇年前に起き、このとき全国各地からすでにボランティアが大勢馳せ参じていたのです。阪神・淡路大震災のときに初めて日本においてボランティアの大活躍が見られ、それが後のＮＰＯ法につながったという議論が随分見られましたが、それは正しくありません。阪神・淡路大震災のときほどではなくても、この当時の未曾有の大災害に対してボランティア活動はしっかりと機能していたのです。

そのことが十分に評価されていない理由は、それをボランティアという言葉で位置付ける考え方や時代的意識が存在しなかったということに過ぎないようです。わが国において、困ったときに助け合うという精神は十分に保持されていたのですが、それをボランティアとして表現することをしなかっただけのことです。つまりは「ボランティア」という言葉や、よりボランティアを必要とする時代はその後に生み出されてきたのです。ここに「ボランティアとは何か」ということの一端が示されているかと思われます。このことは後に触れます。

話を戻しますが、私が参加したときのＦＩＷＣ東海委員会は学生だけのサークルであり、しかも二つの大学だけで構成されるきわめて限られた集団でした。それは若者たちの交流、男女交際の場でもあったといえるでしょう。しかし、活動をそれらの目的のために利用していたわけではなく、きわめて真面目に自分たちの活動について考え議論する集団であったことが、自らを改革していくことにつながっていきました。一九六七年の羽田闘争から学園闘争へとつながっていく、学生反乱の時代の波をもろにかぶっていたことも大きかったかと思います。

## ＦＩＷＣ東海委員会での活動

ある時、当時ＦＩＷＣ東海委員会で一緒に活動していた仲間の同窓会が開かれました。それこそ二十数年ぶりという者も多く、その顔ぶれも今や自営業者、公務員、教員、大学教授、そして主婦、と実にさまざまでした。その席でかつての活動を振り返り、いまも「ボランティアする心」が自分の中に残っていること、それを培ってくれたのがＦＩＷＣの活動であったとの発言がありました。そこで言う「ボランティア」とは何であったのか、いま一度当時の活動を振り返ってみたいと思います。

私がＦＩＷＣ東海委員会に入って最初は、ある名古屋市内の養護施設への訪問活動を始めました。それはワークキャンプ活動というよりも、週末に養護施設に出かけて、園児（親のいない子どもや、種々の理由で親に養育されていない子ども）と遊んだり、勉強を手伝ったりという活動でした。私は当初より、そんな活動をして何になると非常に懐疑的であったことをよく覚えています。というのはそんな活動より、この資本主義社会の根本的問題を何とかしなければ、家庭環境を奪われた子どもたちの問題も解決しないと短絡的に信じ込んでいたからでした。

それでその活動参加は二、三か月ぐらいしか続かず、同時期に始まっていた障害児・者施設でのワークキャンプ活動に参加していきました。人里離れた施設に泊り込んで、一週間ぐらいの労働合宿（ワークキャンプ）を行う活動でした。今日ならそのような活動はもはや存立すらできないでしょう。まだ社会福祉施設に十分な予算が回らず、物質的にも貧しかったため、学生の労働奉仕であってもその存在意義を有した時代であったといえるかもしれません。

それでも一回に一週間まるまる時間をかけての、アルバイトの労働でなく無償の労働をよしとしたその活動は、その時代でも珍しい活動であったことと思います。一週間に及ぶ労働、その間に障害児・者とのレクレーションや施設職員との懇談会、そして自分たちだけの勉強会やレクレーションと、その活動は結構充実したものでした。

しかし、素人の仕事の限界を思い知らされたのはある障害児施設での石積み作業でした。施設用地の一角のかなりの斜面に、土砂が流れ崩れていかないように大きな石を積み斜面を補強する仕事です。随分と重労働で、学生だけでもこんな仕事ができるのかとやりながら感心したものでした。しかし後日、その現場を見たら、脆くも斜面の石は崩れ去り、見るも無残な状況でした。石の材料代だけでも随分と金がかかったろうに、手間賃を惜しんで、結局は損をさせたのではと心が痛くなってしまったものです。

それを知ったのは後のことだったのですが、ともかく学生のできることはそれぐらいのこと。学生のする労働に初めからそれほどの期待は寄せられておらず、たいていは花壇を造ったり、道をならしたりとの簡易な労働でした。そんな活動にはたしてどれほどの意味があるのか、自問自答しながらの活動でした。とくに時代が障害者施設にも金をかけ始めたとき、つまり日本も高度成長を経てそれなりの福祉国家を目指し始めた時代であり、私たちの労働の必要性が問われるべき時期だったのです。

もちろん「労働奉仕」という言葉にはすでに大きな疑問を抱いており、当時も「労働奉仕」という言葉は一切使用せず、「ワーク」という言葉を一般的に使っていました。たとえ、英語に言い換えたところで私たちの活動の限界が取り除かれたわけではありませんが。

## ボランティア活動で問われたこと

ボランティア活動の中身以上に問われたのは、ボランティアをする者の主体自体でした。当時活動の対象となったいくつもの障害児者施設は人里離れた山の中にあり、私たちは電車やバスを乗り継ぎ、終点からまた歩いてその施設にたどり着いたものでした。ここで言いたいのは、大変な思いをしてその施設へ通ったということではありません。そんな街中から隔離された施設に、障害のある者たちは二四時間三六五日、いや終生生活しなければならず、一方私たちはその一週間の合宿が終われば自由に街に帰っていけるという、両者の違いの大いなる落差こそが問題なのです。

当時はちょうど知的障害者の成人施設が整備され始めた時期であり、私たちはもっぱらそうした施設を訪問していました。そこには私たちよりもっと年齢が上の人たちが沢山いました。彼(女)らは盆や正月以外はすべて、その施設の中でフェンスと鍵と職員の監視の中で生活せざるを得ません。

象徴的であったのは、私たちが活動を終え、帰途に着くときのことです。年下である私たちに対し、「お兄さん、お姉さん」とようやく慣れ親しんでくれて、施設のフェンスにへばりついて私たちの姿が見えなくなるまで手を振って見送ってくれた彼（女）らの姿でした。こうした存在の落差を思い知ると、大学の中で日本帝国主義云々とか、産学協同云々とかの言葉を発していることに虚しさを感じるようになっていきました。

## ボランティアの本質を考える

活動自体の限界、活動主体そのものの優位性の問題を知らされたことで、活動への疑問は高まっていきました。そもそも私たちの考える「ボランティア」とは何かといえば、ボランティア＝志願者、つまり自らの自立的主体的な参加ということが最も大事な価値とされていたと思います。

このことは今考えても、ボランティアのボランティアたる最も基本的な根拠であろうと思います。そしてもう一つ、活動の中心に労働がおかれていたことの意味は、社会的な問題を頭で考えて議題にする活動ではなく、労働を通じて社会問題を実感しようという姿勢にあったのです。「言葉より行動を」が当時のモットーでした。

「労働」、「自主自立」といった概念はいいのですが、次の活動への疑問は結局FIWCの活動を大きく転換させていくことになりました。すなわち、一つには学生という身分に立脚した一時的なボランティア活動ではだめであり、継続的なボランティア、つまり人生を貫く生活を賭けた活動の必要性を痛感させられました。もう一つには、ボランティアするものとされるものの間にある溝をなくしていかねばと、共に生活する＝共同という運動姿勢が強く求められていったのです。

そこから、障害のある者も、ない者も、「共に働き生活する共同体」をつくろうという方向が生み出されていったのです。そのために一学生サークルから社会人を含めた市民団体へと脱皮しつつ、施設ボランティアから共同体建設のためのボランティアへの脱却を目指したのでした。

でもそれは、明確に学生ボランティア活動の死を意味しており、はたしてそんな生き方、そんな活動が可能なのだろうかと随分悩んだものでした。そんな自分に一つの答えを与えてくれたのもワークキャンプ運動でした。

ＦＩＷＣ関東委員会が行っていた活動の一つに砂川ワークキャンプがあり、アメリカ軍の砂川基地の撤去を求めて現地の反対同盟支援として取り組まれた活動を体験することができました。

そこで出会ったHさんは、その地に住みつき、国有地を開墾し、反戦活動を行い、ワークキャンプ活動を担っていました。生計を支えていたのは土木作業員などのアルバイトであり、彼の笑顔を絶やさず生きている姿を見ていると、「食うことにこだわらず」生きていけるボランティアの可能性を実感できたものでした。

ここで付言しておくと、当時抱いていたのは福祉国家路線への大いなる疑問でした。弱肉強食の資本主義体制下にあっても、福祉はアメとして必要なのであり、福祉ボランティア活動はそのために協力しているのではないかという疑問でした。そんな状況下にあって、FIWCのワークキャンプ運動は決して与えられたものに協力するのではなく、関西委員会の「交流の家」建設（奈良）に見られるように独自の建設運動を展開していました。わが東海委員会も、与えられる福祉ではない、新たな創造的建設を求めていったのでした。

**生活共同体としての「わっぱの会」**

こうして一九六九年六月から、街頭に立ってカンパ活動を始め、障害のある者、ない者の生活共同体の建設を目指しました。滋賀の地に「あらくさ」という名の共同体の建設のためのワークキャンプも開催しました。「交流の家」のごとくに自分たちで建物も建てたのです。しかし、この運動は一年余りで瓦解してしまいました。その地に住みついた者で、あらくさ自体の運動はきちんと継続されてはいたのです。しかし、私たちのように名古屋から関わっていた者にとってはそれ以上運動の継続は困難でした。

その理由はあらくさの運動が、結局は障害者を街の中から山の中へ隔離することになるのではないかという疑問でした。かつてのワークキャンプで見てきた障害者施設と同じになるのではないかという危惧でした。いかに中身は違っても、器をつくって障害者を集めるのではいけないという思いが強くなっていったのです。

このときから活動はワークキャンプを離れ、障害のある人との地域の中での関わりの中から共同体をつくっていこうと、関係性を重視することとなっていきました。ボランティアではなく、いかに障害のある人たちと共に生きるかが焦点化していき、自らをその共同体の中に投企できるか否かが問われていきました。こうして一九七一年に生まれたのが共同生活体「集団わっぱ」でした。

## ボランティアの否定

繰り返しますが、ここではボランティアは否定され、共に生きるわっぱ共同体への参加をするか否かが問われることになったのです。財産を共有化し、家事を共有化し、障害のある者も、ない者も共に生きる仲間たろうとしました。

しかし、実際には共同生活に参加する者は限られており、その周辺でボランティア的にわっぱを支援する人がいっぱいいたのですが、当時はいたずらにボランティア活動と共同体運動が対立的に捉えられ、ボランティアの否定ばかりが強調されていました。

障害者に関わる分野において、やたらとボランティア精神が強調されたことへの反発も大いにあったと思います。そもそも戦前、障害者福祉や障害者施設づくりは宗教者などの慈善的取組みとして始まり、戦後においてもそれは変わりがありませんでした。

社会福祉事業法や各福祉法などが整備されても、施設職員にはボランティア的献身が要求され、いまに至っても慈善や恵み、哀れみといった言葉がなかなか払拭されません。高度成長を経て、社会福祉予算が増大されてきたら、今度はまた政策的にボランティア活動の奨励がいわれるようになり、ボランティアに対するうさん臭さが消えません。

権利保障とボランティアが対立的に捉えられたり、安上がり福祉のためにボランティアが奨励されたりと、いままた高齢化社会を迎えて、ボランティアではどうにもならないことがわかっていながら、ボランティアが強調されています。障害者や福祉をめぐっては、ボランティアの存在には大いなる影が伴ってきたといえるでしょう。

## 賃労働化する介助

こうして長く、「わっぱの会」の中で否定的に捉えられてきたボランティアに対して、その見方が変わってきたのは約二〇年前ぐらいからでした。無添加パン＝わっぱんの製造・販売に取り組みだすとともに、並行して、積極的に外への関わりを求めていくようになっていきました。

その時期、行政側から高校生を中心としたボランティア派遣の受け入れ要請がありました。こうした若者の中には真面目に継続的に関わってくる者もあり、より積極的な若者との交流を求めて、一九九〇年にわっぱワークキャンプが開催されました。「ワークキャンプ活動から共同体へ」のスローガンから実に二〇年ぶりにワークキャンプが復活したのでした。参加者の中には小学生もおり、労働を一緒にするといってもかなり難しい子どももいたのですが、この子たちも一〇年経てば大人になるのだからと、気軽に受け入れたものでした。

私たちの視る目が変わったからといって、一般のボランティア活動に大きな変化があったというわけではありません。その後行政から送られてくるボランティアは中学生に変わり、一緒にパンづくりをしようという熱意は大幅に減少していきました。単に年齢の低下というだけでなく、ボランティア活動への参加が内申書の一項目になっているという、動機の面が大きいようです。ここではボランティアの持つ内発的自発性が失われ、学校の授業の延長のような強制された活動になってしまっています。

ある時、ある小学校の福祉体験授業に呼ばれていったのですが、そこでは全校生徒が集められ、大変立派な方たちである「障害者」や「ボランティア」がほめそやされ、車いすの操作や手話の学習などを行います。ほめそやされることは実はその裏返しで、大変苦労をしている大変な人との烙印を押し、結局は可哀相な人であると子どもたちに印象付けているのです。同じように、先ほどの中学生たちも、困っている人たちを助けてやるという意義を持たされて臨んでいるのです。

こうした意義が障害者や福祉に関わるボランティアの活動を困難にしている原因です。福祉領域における世話する者、される者という階層構造は、日々障害者に対する差別意識を産み出し続けています。多くのボランティア活動がその中に絡め取られているといっていいでしょう。

## 有償ボランティアと介助活動

だいぶ前から有償ボランティアという言葉がすっかり社会の中に定着しています。私はボランティアといえば無償性ということを一つの原則としていると思っていましたから、当初は随分と違和感を持ったものでした。ＦＩＷＣでの活動は好きでやっているのだから、かかる交通費や経費は自分で負担するのが当然とされていました。

ところがこの有償ボランティアは、交通費はもとより一時間一〇〇〇円というように、場合によってはパートタイマーよりも多いお金がもらえるのです。これはもうまさしくパートの賃労働そのものです。ボランティアと賃労働とをまったく違う概念として捉えていたのが、ここでは混然一体となってしまうのです。最初に述べた、今日ボランティアが必要とされている時代が来ているとの指摘は、この有償ボランティアの存在とつながっています。

わが国はかつてない速度でもって、世界一の高齢者社会になろうとしています。二〇二〇年には人口の四分の一が六五歳以上の高齢者になると見られています。そのときに、確実に増大するであろう要介助者に対する介助の人材を確保しなければなりません。これまで高齢者、障害者への施策は、福祉施設中心主義――つまり、手のかかる者はまとめて施設へ入れていくという考え――で進められてきました。ところが一九七〇年代以降、とくに一九八一年の国際障害者年を経て、地域で自立したいという障害者の声は高まるばかりであり、住み慣れた家や地域でそのまま暮らしたいという高齢者の声とも相俟って、施設ではなく地域で生きるというのは時代の声なのです。

## パートタイマーとしてのホームヘルパー

その声に応える形で、また施設ばかりを増やしては金がかかるという財政上の問題ともつながって、近年、地域福祉・在宅福祉が強調されるようになってきました。しかし、これまではその準備を行政は完全に怠ってきたのでした。

戦前の大家族からいまや夫婦と子どもだけの核家族に移行し、介助は家族だけの手には負えません。それをいままでは、施設をつくることで凌いできたのであり、ほんの数年前まで、希望してもホームヘルパーの派遣は一週間に二日、計四時間来てもらえればいい方という時代が続きました。いまでも、ようやく一週間に一日か二日派遣してもらえるという人が大半です。ついこの前まで、一日四時間以上の介助の必要な障害者は施設へ行けと厚生労働省は言っていました。毎日介助の必要な高齢者は空きがあれば、特別養護老人ホームへ送られていきます。

その圧倒的に不足している介助者の数を埋め合わせていくことを期待されたのが、有償ボランティアであるわけです。地方自治体ではこれ以上公務員は増やせず、そこで登場したのが有償ボランティア、つまりはパートタイマー的ヘルパーです。この方が遥かに人件費が少なくてすみます。しかし、そのヘルパーの担い手のほとんどは子どもに手のかからなくなった主婦層であり、平日の昼間にしか活動できない人たちです。ですから、こうしたヘルパーをいくら増やしても、若い身障者の身体介助は大変と敬遠されます。また活動時間が平日の昼間ですから、そのときには障害者は家で待っていなければなりません。ホームヘルパーとはまさに障害者を家庭に縛り付ける存在であり、障害者が労働したり、社会活動をする社会参加を妨げる役割を果たすのです。

## 進む若者の介助活動離れ

二〇〇〇年の介護保険法、二〇〇三年の障害者支援費制度の施行以降、高齢者・障害者の介助の担い手はほとんど介護労働者となっています。介助活動においてボランティアの果たす役割はきわめて限られ、ほとんどが介助労働といっていい状態です。それ以前の有償ボランティアということばも、いまではまったく聞かれなくなりました。

また、以前に「介助が賃労働化していくことに何の問題もないでしょうか」と問いかけ、それに対し、私は「人と人とのつながり、人間的交流」が失われていくのではないか、そのためにボランティア精神を有するＮＰＯ（法人）の活動に期待すると強く表明しました。

しかし、介護保険事業の担い手は株式会社などの営利企業が中心となっており、その他の医療法人や社会福祉法人などでＮＰＯ法人の占める割合はきわめて少ないのが現状です。（介護最大手の企業であった（株）コムスンが不祥事を起こして倒産したとき、その事業は都道府県単位で他の事業体に移管することになりましたが、一県だけがＮＰＯ法人に引き継がれ、他はすべて大手の企業が継承しました）。

障害者分野ではさすがに営利企業の進出はまだ限られているものの、介助分野全体を見ればＮＰＯ法人の占める割合はわずかです。またＮＰＯ法人といいながら、同一の制度を使って営利法人と同様の活動をしているだけのところも多く、どこまでその非営利性に依拠してボランティア精神を発揮しているかといえば、まったく心もとない状況です。

## いま風のボランティア活動

では、そこに参加している若者の状況はどうなっているのでしょうか。「わっぱの会」でつくっている「生活援助ネットワーク」で見てみましょう。この組織は障害のある人が地域で生活していけることを目的として、必要な介助者を派遣するために一九九三年に自主的につくられました。

当初は行政からの援助の制度はなく、参加者の会費と「わっぱの会」からの持出し負担で成り立っていましたから、有償ボランティア活動的な性格を有していました。その後、名古屋市に介助制度ができて援助を受けられるようになり、介助は賃労働化していきました。いまでも会費制による活動を残していますが、それは行政援助が得られない介助をカバーするためのものです。

そこでは介助者を、大学生や専門学校生といった若者に求め、チラシを配り、募集してきました。そこに集う若者が二〇〇〇年以降、どう変化していったかといえば、一口でいって質が低下したといえるでしょう。介護保険の始まる前後は、介助や福祉の仕事への期待が集まり、就職難という時代背景もあって若者の関心は高まりつつありました。ところがすぐに介助労働の劣悪さ――3K（きつい、汚い、危険）仕事の一つ――がいわれるようになり、それに反して他業種と比べて給与の低いことが問題とされていったのです。

つまり、なぜ質が低下したかといえば、一つには事業者が一気に増えて、初めからやる気のある人材は他に散らばっていってしまったことです。二つ目には仕事としての魅力が薄れ、人気を失ったことです。結果、アルバイトとして仕方なく選び取ってくるような人が相対的に増えてしまったのです。

ところが、二〇〇九年はさらに状況が一変してしまいました。参加する若者はぐんと減り、比較的年齢の高い人々、とくに男性の参加が一気に増えたのです。これはその前年の秋の金融危機に始まる経済不況によって職を奪われた人々が一気に増えたからでしょう。若者の状況はあまり変わっていないのかもしれません。

以上、若者の参加状況の悪化について記しましたが、それは全般的な状況変化についてのものであり、個々を見れば、やる気があって熱心に参加する若者がいることに変わりはありません。意図的にもしくは偶然に障害ある人への介助労働に参加した若者が、その労働体験をきっかけにして、もっと深く関わっていきたいとか、一緒に仕事をしてみたいと、卒業後の進路として「わっぱの会」に参加してきています。

その意味ではアルバイト活動かもしれませんが、人生の生きる道を探すきっかけとして、いま風のボランティア活動といえるのかもしれません。

## 障害者自立支援法の問題

なぜ若者が介助や福祉の仕事に魅力や関心を抱かず、離反するようになっていったのでしょうか。その一つとして、介護保険法や障害者自立支援法が大きな原因となっているといえます。ここでは障害者自立支援法を見てみましょう。

障害者自立支援法は二〇〇六年四月から施行されましたが、その内容は二〇〇四年九月には提示されています。その前年にできた障害者支援費制度の不備を改めるとして、急拠持ち出されたものです。介護保険法も障害者支援費制度も障害者自立支援法も、すべて共通するのは契約制度をとっているということであり、「措置から契約へ」という政策転換の流れの中にあります。

では何ゆえ、たった一年余りで障害者支援費制度から障害者自立支援法に変わったかといえば、障害者支援費制度は介護保険法のようなランク付けの仕組みを持っていないからです。そのため個人が必要に応じて自由にサービスを使えるとされ、一気に財政がパンクしたといわれていますが、どのみち、障害者自立支援法を目指していたことに間違いはありません。

介護保険では要支援から要介護5まで六段階（いまは七段階）に、障害者自立支援法では区分1〜6の六段階に、その人の介助サービスの必要がランク付けされます。それに応じて受けられるサービスの量に一定の枠をはめようというわけです。

この契約制度の最大の特徴は、行政の責任でサービスを措置するのではなく、サービスは利用者個人がサービス事業者との間で契約を結んで提供されるということにあります。それによって何が違ってくるかといえば、大きく二点あります。

一つは、サービスの良し悪しは事業者の責任であり、悪ければ事業者を替えればよいとされ、行政責任は後景に退いてしまったこと。もう一つは、サービスの売買をするのだから、より良いサービスが必要ならお金を出すべきとしたこと。この点は自己選択、自己決定の名のもとに、より良いサービスを自分で選び、決められる良い制度だと喧伝され、結果、障害者は自己責任と自己負担を求められることになっていきます。

収入のない障害者が、たとえば年金六万六千円（月額）の中から数万円も支払わなければ、いま受けているサービスを続けられないなどということがわかってきて、多くの障害者団体が反対しました。それから三年を経て、ようやくこの「応益負担」（一律一割負担）は撤回され、所得に応じて払う「応能負担」へと戻されようとしています。

もう一つの大きな問題として、サービスを提供する事業者への報酬額を大幅に削減するということがありました。応益負担も自己負担を課すことでサービス利用の抑制を図ったわけですし、報酬額の削減も同様に支出を減らそうとの考えです。

ここでも施設業界からの強い反対があり、報酬額も大分増やされはしましたが、以前に比べれば削減でしかありません。この動きが始まる前から、事業者には厳しい経営が求められており、施設からの求人は正規雇用の募集がほとんどなくなって、臨時やパート・アルバイトさらには派遣といった雇用形態ばかりとなり、これが福祉の仕事の不人気に拍車をかけていったのです。もともとヘルパーの仕事も時間刻みの労働であり、まとまった就労は難しい仕事です。

## 専門職化の弊害

こうして二〇〇〇年代に入って、介助、福祉の仕事からの若者の離反は進んでいったのです。しかし、もう一つ別の大きな問題があります。それは専門職化です。専門職化は二つの側面から進行しています。

一つは労働条件の悪さについて、専門職化を進めることで改善しようという動きです。これは比較的フラットな福祉の現場に、医師を頂点とする医療現場のような格差を持ち込むものです。

もう一つは、区分による認定制度、個別支援計画の作成などやたらと仕事を複雑化、煩雑化させ、その担い手として専門職化を進めようという動きです。結果、書類づくりなどの仕事が増え、肝心の障害者と関わる時間が削られていきます。教育現場で教育が雑用に追われ、子どもと接する時間がなくなっていくことと同じです。専門職化の弊害はそれだけではなく、結局、学校で福祉を学んだ人々が優先され、さまざまな経験や学習を積んだ人々をその現場に来にくくもします。

ここに記した障害者自立支援法の三つの問題、負担の強化、報酬の削減、専門職化の進行は、非正規労働の増加による若者の離反を招き、現場の関係や仕事の内容を変質させようとしています。さまざまな若者が参加しやすいような福祉の現場をつくり出していかなければ、障害のある人、ない人が共に生きる、共に働く社会も見えてきません。障害者自立支援法は自立に逆行するだけでなく、共生にも逆行した仕組みなのです。

## 社会的協同組合、社会的企業の可能性

障害者自立支援法が固まっていったのはちょうど二〇〇一年に誕生した小泉政権の時代。これは偶然ではありません。小泉政権が進めた新自由主義政策は、市場万能主義政策であり、ギリギリまで社会保障費、社会福祉費を削減し、障害者であれ、生活困窮者であれ、市場の中にできるだけ身を置くべきだという福祉国家論の対極の考え方です。その現れとして障害者自立支援法があり、労働者の非正規化があるのです。

同じく二一世紀に入ったばかりの二〇〇一年に、それとはまったく異なった考え方と実践に出会うことができました。それはイタリア社会的協同組合といい、障害がある人もない人も対等に組合員として一緒に働くという取組みでした。

この協同組合には、日本のどの取組みとも異なっている大きな特徴が二つあります。一つは、その条件としてハンディのある人を三〇％以上含むということですが（社会的協同組合B型のみ）、たいていのところは三〇～四〇％ぐらいで、七〇％とか八〇％には達していません。二つ目にはハンディ自体について、日本の三障害（身体・知的・精神）だけに限らず、薬物、アルコール依存者、家庭的問題のある若者、刑余者などが含まれることです。ですから、日本の作業所のように障害者が大勢集められ、わずかの職員がいるというあり方とはまったく異なります。こうしたあり方によって、イタリアでは「社会的価値と経済的価値の結合」が図られるといいます。

さらにより独特の特徴を挙げると、第二条（一九九一年社会的協同組合法）にボランティア組合員という規定があります。「本法に規定する正規の組合員の他に、無償の活動を行うボランティア組合員を加えることができる。」、「ボランティア組合員は組合員総数の二分の一を超えてはならない。」――ここにボランティアという考え方が、しかも重要な位置を占めて位置付けられていることは驚きでした。

このイタリアの社会的協同組合を皮切りとして、いまやヨーロッパ全体に、協同組合だけでなくアソシエーション、会社などさまざまな形態の社会的企業が拡がっています。それは福祉国家に代わる新しい福祉のあり方としても、ソーシャル・インクルージョンという社会的排除をなくす新しい社会の理念を実現する方法としても、EUの中でどんどん力を持ってきています。さらに欧米だけでなく、二〇〇七年には韓国にも社会的企業育成法が施行され、アジアにも拡がりを見せています。

そこにボランティアが堂々と位置付けられていることは、ボランティアが単なるお手伝いを越えて、社会の中で果たす大きな役割を示しています。以前に私は、「これからの介助サービスは行政下請型の社会福祉法人でもなく、利潤追求型の企業によるものでもなく、NPOとしてたとえば市民事業型展開とボランティア活動的展開をほどよく混合したものを中心としていくべきです」と記しました。

現実は必ずしもそうはなっていません。しかし、世界においては、漠然としたNPOではなく、より目的を持った社会的協同組合、社会的企業の中で市民事業的展開とボランティア活動的展開が強固に結び付けられているのです。

## 新たな時代のボランティアへ向けて

イタリア社会的協同組合は、法が生まれてからでも二〇年近く、それ以前からすると三〇年以上の歴史を持っています。メンバーの世代交代は比較的うまくいっているといいます。その理由に、良心的徴兵忌避者の社会的協同組合への参加があるといいます（田中夏子氏談）。これも一種のボランティア参加であり、こうしてたくさんの若者が、軍隊に行くことではなく社会的協同組合で働くことを選び、そこから社会的協同組合の担い手が育っていき、自然と世代継承がなされていったのです。また社会的協同組合は、若者の失業率の高さに悩むイタリアにとって、若者の働きの場としての役割も大いに果たしています。

一昨年秋の経済危機から始まった派遣切りは多くの人から職や暮らしを奪い取っていきました。それは現代の労働の貧困を改めて浮き彫りにしたわけですが、ここで雇用の拡大をすれば問題は解決するというものではありません。ただ金に結び付けられただけの労働、地域の中で孤立し、時間を切り売りするだけの労働には何の希望もありません。

ここに紹介した社会的協同組合、社会的企業は金のための労働ではなく、人と人とを結び付ける労働が求められており、そこにボランティア精神が分かち難く結び付けられています。わが国の未来を見失った若者たちに、ただ企業に雇われて金を得るだけの貧困な労働ではない選択があることを、いまこそ伝えていく必要があります。

# 第4章

# ライフワークとしてのボランティア

阿木幸男

**それは一枚のポスターから始まった**

大学一年の六月、キャンパスを歩いていると掲示板の一枚のポスターが目に止まった。ツルハシとシャベルの絵に、「思想、信条、宗教を超えてより良き社会の建設を！　フレンズ国際ワークキャンプ関東委員会（ＦＩＷＣ）」とあった。「ワークキャンプ」は耳慣れぬ言葉であった。当時、揺れ動く学園闘争の最中で、自治会委員を務めていた。キャンパス内のセクト間の対立、同じグループ内の争いに疲れ切っていたぼくには、とても新鮮な響きがあった。早速、手紙を出した。

しばらくして、夏の天使園（養護施設）でのワークキャンプの案内が届いた。自分が求めているものが見つけられる予感がした。

山梨県塩山の天使園での作業は下草刈り、施設の破損した個所の修理やペンキ塗りであった。二〇人余りの大学生が手弁当・寝袋持参で参加。交通費、食事代、作業の諸経費はすべて自分たちで賄う、無償の労働奉仕であった。

一週間のワークキャンプ中、作業を自主的に分担し、一切の強制はなかった。

・ＫＰ（食事係）

・ディスカッション係（夕食後、「社会福祉」、「差別と偏見」、「ライ〔ハンセン病〕とは何か！」、「福祉施設の現状とワークキャンプの役割」、などについての討論）
・記録係（ディスカッションの記録をまとめて、ガリ版刷りのキャンプ新聞を毎日発行する）
・ワーク係（作業の下見、計画を立て、必要な資材、道具を用意し、キャンパーに指示を与える）
・リクリエーション係（ワークの合間、食事後にするゲーム、歌を用意する）。歌集が配布され、みんなで歌（主にフォークソング、たまに演歌、労働歌も）を唄うことが楽しみだった。

これまで参加したいくつかのサークル活動では、先輩、後輩の上下関係や、上からの一方的な指示が存在した。ＦＩＷＣにはそうしたものはまったくなかった。そこが気に入った。

一週間のキャンプが終了し、一人ひとりと別れの挨拶をし、一人になったとき、言いようのないさびしさが込み上げてきた。まるでキャンプがもう一つの家族のような、そんな思いがした。この体験がぼくにとって人生のターニング・ポイントになった。

## 若者が集う家の建設

それから、まるで「ワークキャンプ病」にかかったかのように、ほとんど毎回のワークキャンプに顔を出した。一九六八年にはＦＩＷＣ関東委員会委員長を務めた。その頃には学生ができる肉体労働のニーズは著しく減少していた。日本社会は「戦後復興」期から「高度経済成長の時代」

に移行していた。

施設から要請があって出かけても、本当にする必要があるのか、疑問に思うことが多くなった。ワークを探し回ることに、ワークキャンプの転機を感じるようになっていた。

一九六八年夏、「交通事故などで障害を持つ人が共に生きる施設を建てたい」という、ある福祉団体からの協力要請があった。群馬県渋川市での重度身体障害者の施設、「恵の園」の基礎工事だった。

地元の後藤充角氏からプレハブ・ハウスをお借りし、宿舎にしてワークキャンプをすることにした。一〇日間の炎天下のワークキャンプは無事終了した。充実感を抱いて帰京した。

秋に入り、後藤氏から一通の手紙が届いた。「恵の園第一期工事完成式」の招待状であった。ぼくとS君が出席することになった。

一一月の現地、山の裾野は寒かった。式典は野外で行われた。福祉団体の理事長、関係者、地元の政治家の皆さんはテントの中で暖をとっていた。一方、建設に尽力した農家の人たちやぼくらは吹きさらしの中、長いスピーチを聞いていた。いや、「聞かされていた」と言った方がいいだろう。

式典の半ばで、地元の年配者が倒れるというハプニングが起きた。障害を持つ人たちのための施設建設に、地元の人たちは献身的に協力した。そうした人たちへの配慮のない式典の進め方に、ぼくは割り切れなさ、怒りさえ覚えた。

　式典の後、後藤氏の呼びかけで、後藤宅で宴席が開かれた。地元の人たちに対する無配慮な式典のやり方に人々の怒りは爆発した。しばらくして、怒りが収まり、今後についての話になった。後藤氏が、ぼくたちに提案があると言う。

「君らみたいな若者たちが集う家を建ててみないか？　土地なら無償提供する。約一〇〇坪の土地と当面の建設資金、二〇万円をカンパする。どうかねえ？」

　ぼくはS君と顔を見合わせ、二つ返事で応じた。

「より良き社会のために全国の若者たちが集い、語り合う、そんな家を建設したいと思います」。その決意の背景には、一九六七年FIWC関西委員会が四年をかけて完成した「交流の家」（むすびの家・らい快復社会復帰センター）のような家を建設してみたいという思いがあった。一九六三年、ハンセン病快復者が宿泊を拒否されたことを知ったFIWC関西委員会のメンバーは誰でも泊まれる、交流の家の建設を思い立つ。奈良市の大倭紫陽花邑《おおやまとあじさいむら》から土地提供を受けて、ハンセン病快復者と社会を結ぶセンターとしての家を建設した。「交流の家」建設はワークキャンプ・ボランティア史において、画期的なことであった。

　帰京すると、メンバーで話し合い、建設資金を集めるために、みんなでできるアルバイト探しを始めた。建設資金が貯まると、渋川に出かけ、建設ワークキャンプを続けた。完成に四年間かかった。

　一九七二年夏、完成。その家を中国の『水滸伝』からとって「梁山泊」と名づけた。

当時、理想的な社会の原型としての「共同体」建設はぼくらの夢であった。ワークキャンプがめざす社会は共に助け合って生きる「共同体」であると考えていた。家の完成後、メンバーたちは全国各地に散らばり、それぞれが力をつけて、再会しようと誓い合った。メンバーの数名はヤマギシ会の「北試実顕農場」に向かった。二人は北海道の林業で働くことになった。ぼくと数人は東京に残った。

しかし、当初の構想どおりにメンバーが結集することはなかった。「理想」と「現実」の挟間で、それぞれが次の生き方を選択した。家だけが残った。年に数回、ＦＩＷＣの会合、合宿、家の修理のワークキャンプで仲間たちは集まった。それ以上の展開はできなかった。それから約一〇年後、後藤氏にお返しすることになった。

リーダーとしての自分の至らなさ、見通しの甘さから多くの人たちを巻き込んでしまった。申し訳ない、という思いと、それでも、こんな自分と行動を共にしてくれた仲間たちへの感謝の思いで一杯であった。信頼してくださった後藤氏には感謝のことばが見つからない。

あれから二五年後の一九九七年の五月、北海道本別町の「石井の森」の山小屋に三十数名の仲間たちが集った。次の世代の人たちに木を残す植林ワークキャンプするために。山小屋に寝泊まりし、自炊し、約七〇〇本の植林をした。キャンプのリーダーを前島俶・恵子さんが務めてくれた。

二三世紀まで植林した木は切らないことを申し合わせ、「二三世紀の森をつくる会」と名づけた。会の中心は石井佑孝、由美子夫妻であった。ぼくは心の中で、ジョニー・アップルシード（次世代の人たちのためにリンゴの種を蒔いて旅した）を思い浮かべていた。「共同体」建設の夢は破れたが、全国各地に「点」として暮らしながら、「共同性」を模索していく、ある意味で「不可視のコミューン」ネットワークのようなものと思った。

それから数回、「石井の森」に下草刈り、植林のためにメンバーは集った。現在は、石井由美子さんを中心に森を守り続けている。

## ワークキャンプの原点は平和と非暴力

一九二〇年、第一次世界大戦で荒廃したエスネー村（フランスとドイツの国境）で、最初の復興ワークキャンプがもたれた。呼びかけ人はスイス人のピエール・セルゾール。キャンプ参加者は、神学者、ハンガリー人の音楽家、スイス人の陸軍将校、三人のドイツ青年。かつて、敵同士として闘った人たちも手弁当で参加した。村の復興のため、家の修理、道路工事などの肉体労働に汗を流した。

当時のキャンプ日誌に次のように記されている。

〈期日〉八月七日―二七日

〔一日の予定〕

五時起床。

作業・五時―七時、八時―一一時三〇分、二時―六時三〇分。

食事・七時一五分、昼一一時四五分、夕七時。食事はグループで栄養のあるものをたくさん準備すること。

集会・夜九時三〇分。消灯・一〇時。

飲み物について――参加者はキャンプ期間中、アルコール類を飲まないこと。

このワークキャンプの後、「国際市民奉仕団」（ＳＣＩ）は次のステップのプロジェクトに着手した。ワークキャンプを良心的兵役拒否者のための代替サービスとする制度化である。ピエール・セルゾール自身、兵役と軍事費の支払いを拒否し、幾度となく投獄された。ナチス支配下のドイツ市民との対話を求め、ドイツ国境を越えて逮捕されたこともあった。

セルゾールは国際的な平和団体、「友和会」(the Fellowship of Reconciliation) の国際部長を務め、実践的な平和活動を展開し続けた。

一九三九年、ＳＣＩのイギリス支部、ＩＶＳＰに軍当局から、良心的兵役拒否者と難民向けのワークキャンプ開催を要請する手紙が届く。兵役の代替サービスとしてワークキャンプが承認された瞬間であった。画期的なステップとなった。

当時のセルゾールのノートに、ボランティアについての考えが記されている。

「市民奉仕とは純粋に建設的なものであって、もし、新しい精神で〝全人類の幸せ〟を願いつつ、自分の国に仕えようと思うならば、誰でも兵役の代わりに自由にその奉仕活動を行うことができるのだ。」

「スイスが戦没者基地に三六万人の墓をつくるより、新しいタイプの国民的奉仕を創出することだ。」（『スイスの良心　ピエール・セルゾール――平和への闘いの生涯――』アポロン社刊）

この言葉にこそ、ワークキャンプ、ボランティアの精神が如実に表現されている。

二〇〇九年一〇月現在、良心的兵役拒否権は国連、ヨーロッパ評議会のような国際機関では基本的人権として認知されている。ドイツでは、兵役拒否者には一三か月間の社会福祉活動が義務づけられている。デンマーク、スウェーデン、フランス、ルクセンブルク、ギリシャ、台湾では、良心的兵役拒否の合法化、制度化が実現している。

### アメリカでのワークキャンプ

一九七二年、非暴力トレーニング研修のために渡米した。一年間、「フィラデルフィア・ライフ・センター」に滞在し、「長期非暴力研修プログラム」を受講した。絶対非戦主義を唱える「アメリカン・フレンズ奉仕団」（ＡＦＳＣ）主催のワークキャンプにも参加した。

ＡＦＳＣ本部のパンフレットには次のような説明がある。

「アメリカン・フレンズ奉仕団は、社会正義、平和、人道主義的な奉仕に携わっている。さまざまな信仰を持つ人々を包含するクェーカーの団体である。その活動は、『すべての人の心にある貴い価値観』を認めるクェーカーの信念と、愛の力は暴力と不法行為に打ち勝つという信仰に基づいて行われる。」

AFSCには二種類のワークキャンプがあった。一つはフィラデルフィア市の黒人コミュニティーでの週末ワークキャンプ、もう一つはカリフォルニア州デレイノでの労働条件改善ストライキ中のメキシコ系、フィリピン系農場労働者を支援するキャンプ。

## (1) 黒人コミュニティーでのワークキャンプ

黒人コミュニティーの住民の大半は低所得者で、若者の約四〇%は失業者。そうした若者がドラッグ、犯罪に走るケースも少なくない。多くの住居は荒廃し、スラム化が進んでいた。

ワークキャンパーは教会の地下の部屋に寝起きし、参加者全員で食事係を分担。参加者の大半は高校生で、ペンシルバニア州各地からやって来る。大学生は高校時代のワークキャンプ体験者で、サブ・リーダー的役割を果たす。リーダーは「アメリカン・フレンズ奉仕団」のメンバーの五〇代のデビッド(イギリス系アメリカ人)と四〇代のジョン(アフリカ系アメリカ人)のコンビ。

ワークは年配者住宅での大工仕事、掃除、そしてペンキ塗り。金曜日の夕食前に集合し、まずはコミュニティーの現状についてのオリエンテーション。土曜日は朝九時から夕五時までワーク。

当時、二六歳のぼくは、デビッドからアシスタント・リーダーを依頼された。言うなれば高校生の「兄貴役」。

ある週末キャンプでの自己紹介セッションの後、ジョンから一人のアフリカ系アメリカ人を紹介された。彼は一四歳のとき、殺人事件を起こし、保護観察の身であった。更生のため、ワークキャンプに参加したと知らされ、びっくりした。ジョンはそうした黒人青年の更生プロジェクトにも関わっていた。若者のカウンセリング相談役をしていた。ジョンの口ぐせは「ぐだぐだ言い訳するのはやめて、実行しなさい。Do it!」であった。

日曜日の午前中は、警察署での若者の犯罪の実態についてのオリエンテーション・プログラムであった。

夜のディスカッションの主なテーマは貧困、人種差別であった。進行役をジョンが務め、まず、彼自身の被差別体験を語る。その後、参加者一人ひとりが差別・被差別体験を語り合う。ジョンの熱い語りかけが若者の心を開いていく。心の奥底のドロドロとした思いを引き出していく。高校生はしどろもどろしながらも、ときには興奮して、けんか腰になることもあった。しかし、手を出さない限りジョンは止めることはしない。人種の違う者同士が真正面から思いをぶつけ合い、チャレンジし合うことを促す。自分の問題として受けとめてほしいという強い思いがジョンとデビッドにはあった。

ぶつかり合うプロセスを通じて、高校生たちは親しくなっていった。

## （2）メキシコ系、フィリピン系農場労働者の支援のワークキャンプ

ワークは農場労働者用住宅の建設。夏休み中の一〇日間のワークキャンプで、リーダーは四〇代のクェーカー教徒、サブ・リーダーは大学生。参加者は高校生。

一九七〇年代初め、カリフォルニア州の農場労働者は劣悪な労働条件下にあった。とりわけ、フィリピン系、メキシコ系労働者の多くは英語が不得手なため、契約条件の内容を理解しないままサインしてしまう。雇用者サイドの説明も不十分であった。最低賃金以下での雇用をする結果になっていた。

契約後、不利な労働契約に気づいた労働者たちは再三の改善の申し入れをするが、拒否された。農場オーナーは話し合いのテーブルにすらつこうとしなかった。怒った農場労働者はシーザー・シャベスをリーダーにストライキを決意。シャベスは「非暴力主義」を掲げ、ハンガー・ストライキや非暴力の坐り込みを呼びかけた。また、ストライキ中の農場から出荷されたぶどうとワインの不買運動を始めた。農場オーナーたちがどんなに暴力的手段を用いようとも、「決して、暴力で対応してはならない、徹底した非暴力にこそ勝利の道がある」とシャベスは繰り返し、訴えた。シャベスは、農場労働者から絶大な支持を受けていた。

一〇日間のサマーキャンプ終了後もぼくはしばらく残ることにした。そして、不幸な事件が起きた。ストライキ支援のオフィスが何者かによって、ダイナマイトで爆破され、一人のメンバー

が亡くなったのだ。その直後、シャベスは農場労働者とサポーターに抗議の断食を呼びかけた。いかなる暴力行為にも決して屈してはならない、非暴力こそわれわれを勝利に導いてくれる、と訴えた。

数日後、真夏の照り輝く太陽の下、葬儀が行われた。仲間たちに担がれた柩を先頭に、悲しみと怒りの葬列行進。ぼくも、沈黙のうちに歩き続けた。約一時間後、墓地に到着すると一人の女性がスペイン語で歌い始めた。その美しい歌声は心の中にしみわたり、人々のすすり泣きが広がった。前の方に近づいていくと、一人のメキシコ人がささやいた。「ジョーン・バエズが来てくれたよ」。当時、ボブ・ディランとともに、人気絶頂期にあったフォーク・シンガーだった。感動的なシーンであった。

葬儀の後、ぼくはフィラデルフィアに戻った。一人でストライキ支援のビラ配りを始めた。毎週土曜日、四時間ほど、スーパーマーケットの前に立った。するとサポートしてくれる人が現れた。いつしか四、五人になっていた。「何事もまずは一人で始めること。すると何かが動きだす」という確信を得た体験であった。まさしく「言葉より行動を！」である。帰国するまでの七か月間、ストライキ支援の活動を続けた。

帰国後やっと、カリフォルニア州政府が農場労働者の待遇改善に乗り出したと聞き、ほっとした。広範囲な人々の関心とサポートが、ついに州政府を動かしたのである。

## 心の旅は続く――「プロジェクト・アメリカ一九七六」と「プロジェクト・ゲン」

フィラデルフィア・ライフ・センターでの研修を終えて帰国したぼくは、新たなプロジェクトに参加した。ノリ・ハドルの発案による「プロジェクト・アメリカ一九七六」に共同コーディネーターとして関わることになった。

プロジェクトの呼びかけ文の一部を紹介すると、

「私たちは数か国の個人でつくられたグループです。『プロジェクト・アメリカ一九七六』は一年間、アメリカ人の生活に関して、多くのことをじかに学びながら、私たちのかけがえのない地球の問題を考え、訴えようとするものです。

『アメリカ合衆国創立二〇〇周年』はアメリカのならず、世界の他の国々にとっても、過去と現在の反省、再検討の良い機会となります。いかなる国も他の国々との協力関係なしには存続できません。この世界が存続するのなら、一層、国境を越えての協力と理解を発展させることを緊急にしなければならないでしょう。（中略）

国際的理解と世界の平和につながる、新しいタイプの国際的交流の先例を私たちはつくりたいと思うのです。私たちの目的は次のように要約できます。
一、異なる国々の人々の間に「草の根レベル」の交流をつくり、国際的理解を深める。
二、広範囲なアメリカ市民といかに世界の平和を達成すべきか、のアイディアを交換・紹介する。
三、今日のアメリカの問題をより深く理解する。
四、他の国々でも実現できる、同種のプロジェクトのための一つのモデルとして示す。
　具体的には、
①アメリカ合衆国を徒歩と自転車で一年かけて横断します。旅行中、地球上のさまざまな問題、とりわけ、世界の平和に関して、いかに問題を解決すべきかについて、あらゆる階層のアメリカ人（一般の人から政策を決定する高級官僚まで）と話し合います。
②世界の問題とその解決法に関する書物を配布します。
③旅行のコースに樹木・花の種を植えます。ジョニー・アップルシード（りんごの種をためて、袋にいっぱいになると旅に出て蒔いた人）に倣って。
④スクール・バスのエンジンを改良して、大気汚染しない燃料（メタンガス）で走れるようにし、そのバスで用具、書籍、スライド・ショーの道具などを運搬します。」
　一九七六年二月六日、カリフォルニア州サンタバーバラの埠頭から「プロジェクト・アメリカ一九七六」はスタートした。

旅の先々で『Give me water』（広島での被爆者の声の英語版）と、水俣病の実態を伝える英文の冊子を配布した。非暴力トレーニングのワークショップや民謡を踊る会なども開いた。「日本食の夕べ」を開いたりもした。

それぞれのメンバーは得意とすること、たとえばヨガ、ダンス、マッサージ、代替エネルギー、リサイクル、のワークショップを開いた。各地で市民との交流を試みた。

「プロジェクト・アメリカ」がスタートして一か月後、あることに気づくことになる。ぼくらが直面した最大の問題は難コースを自転車で走ることではなく、メンバー間の人間関係にあると。呼びかけ文にある「平和」や「非暴力」の実現は、まず、自分自身の存在、人間関係を平和的にすることだと。良い人間関係を築き、維持することがどんなに困難なことか、いやというほど味わう旅となった。

「理念」として抱いていたものが、悪化する人間関係の中で、脆くも崩れてしまうことを何回となく体験した。相手を肯定するより、問題の原因を相手の中に求めてしまう。批判の言葉ばかり、吐いてしまう自分。辛くなってグループを離れるメンバー。引き止めることのできない自分。言い争いに疲れ切り、もう、お互いの顔を見るのもたくさん、という悶々とした日々。

自分の醜悪な面が顔を出し、小ささ、愚かさ、せこさと向き合う日々。自分とは何か？　人間とは何か？　仲間とは何か？と問い直す日々でもあった。

一三人でスタートした「プロジェクト・アメリカ」は、中西部の小さな村で三人になった。夜空の星を見上げながら、情けなさ、寂しさがひしひしと込み上げてくるのを噛みしめていた。なぜ、去っていったメンバーにもっと優しくなれなかったのか。〝ありのまま〟を受け入れようとしなかったのか。

その夜からぼくの中で、何かが少しずつ変わり始めた。相手に変化を期待する前に、自分自身が変わること、相手のマイナス面よりプラス面に眼を向けること、相手を裁かないこと。それぞれがかけがえのないメンバーであること。そうした基本的なことに遅まきながらやっと気づいて旅は続くこととなった。

一〇月一二日、最終目的地、フィラデルフィア市に到着した。約八千キロの「プロジェクト・アメリカ」の旅は小雨が降りしきるなか幕を閉じた。しかし、ぼくの「心の旅」は続いていた。少し休んだら、次に進もうと思った。

## 「プロジェクト・ゲン」―『はだしのゲン』の英語版製作プロジェクト―

「プロジェクト・アメリカ一九七六」の終了後、ワシントンDCに向かった。そこで「コンチネンタル・ウォーク」（軍縮・平和のための徒歩による大陸横断行進）の南部コースを歩いて来た大嶋賢洋さんと出会った。「コンチネンタル・ウォーク」には僧侶たちと日本からの支援者たちが参加していた。ワシントンDC市内の日本山妙法寺にぼくらはお世話になった。

その晩、それぞれの旅を語り合った後、大嶋さんが四冊の本を差し出した。『はだしのゲン』

の第一巻から第四巻であった。

「これ、読んでもらえませんか。英語版にして、世界の人たち、とりわけ、アメリカ人に読んでもらい、原爆、核について考えてもらいたいんです。できたら、協力してもらえませんか」

その晩、一気に四巻を読了した。ぼくは翌朝、朝食で顔を合わせた彼に言った。

「マンガはあまり読んだことはないんですが、こんなに夢中になって読んだのは初めてです。ぜひ、英語版にしましょう」

こうして、英語版「プロジェクト・ゲン」はスタートした。

ぼくらは定職に就かず、貯金もわずか、ギリギリの生活をしながらもどうにかなるさ、とノーテンキに暮らしていた。二人にとって、恐いものはほとんどなかった。そのとき二人にあったのは、『はだしのゲン』を原爆を落とした側のアメリカ人にぜひ読んでほしいという強いパトスだけであった。

しばらくして大嶋さんは帰国した。ぼくはアメリカでの出版社、サポーター探しで、アメリカにもう一年、残ることになった。

大嶋さんとコンタクトを取りながら、翻訳作業を開始した。見本用の要約翻訳を持って、東海岸の出版社回りをした。翻訳に関してはまったくのずぶの素人であったが、単身、ニューヨークの有名、無名の出版社のオフィスに乗り込んだ。ことごとく断られた。ほとんど相手にもされなかった。情熱を持って語りかけても、「ビジネスにならない」「売れない」という返事。出版交渉は、黒星が六か月間続き、日本でも見つからず、僕らは決断するしかなかった。残された道はただ一つ、「自主出版」。断られ続けて、「抵抗力」と〝なにくそ！〟という根性が育っていた。ぼくらは周囲の人たちからは無謀と言われながらも、出版に〝GO！〟サインを出した。その頃には五、六人の仲間がいた。

大島夫妻の自宅が事務所だった。二人の献身的な取組みのおかげで「プロジェクト・ゲン」は前進した。いつも、メンバーの誰かが泊まり込み、二人にとって、プライバシーも何もなかった。賢洋さん、則子さんの生活まるごと、「プロジェクト・ゲン」であった。

一九七八年春、新聞の全国版に紹介記事が出たことを契機に、支援の輪が広がった。全国各地の人たちのサポートのおかげで、〝Barefoot Gen vol. 1〟が完成した。刷り上がった五千冊はすぐに書店に並ぶものと思い込んでいた。「本を置く倉庫はどこですか？」との印刷所からの電話にビックリ。結局、大嶋さんとぼくのアパートにそれぞれ二五〇〇冊ずつ、引き取ることになった。

相変わらず、経済的には水面ギリギリの低空飛行を続けていたぼくのアパートは六畳一間。二五〇〇冊の山を見ながら、思わず、つぶやいた。

「売るっきゃない！」

その日から、行商生活は始まった。どこへ行くにも、冠婚葬祭にも、英語版を持参した。とにかく、毎日数冊を持ち歩き、セールス・パースンに徹した。

当時を振り返って、大嶋さんは次のように語っている。

「わたしは『ザ・ロンゲスト・ウォーク』で、途中のアトランタから黒人のSCLCという、マーティン・ルーサー・キング牧師が設立した社会運動組織のコースに合流。ディープ・サウスと言われる、南部各州を横断してワシントンDCまでを歩きました。

この行進の過程で知ったことは、アメリカの平和運動家と称する人でも、核兵器のことも、広島・長崎のことも、何も知らないということです。日本人にとって自明のことと思い、そのつもりで話しても、相手は、そもそもその前提を知らないのです。

当たり前ですが、学校で教えない、出版物がない。もっとも、仮にあったとしても、アメリカ人は本を読まない。電話とテレビの世界にどっぷりと浸かり、生まれてから一度も手紙を書いたことがないのが普通でした。こんな人たちに、どうやって、核兵器の非人道さを訴え、広島・長崎で起こったことを知らせるのか、そんな疑問を抱いて歩いていて、ふと「少年ジャンプ」に連載されていた『はだしのゲン』を思い出したのです。漫画なら、この人たちも読むかもしれない。さっそく、日本の友達に『はだしのゲン』を送れと手紙を書きました。」（『サルボダヤ』二〇〇九年九月号）

通訳や国際会議の事務局の仕事をしていたぼくは、旅行のたびに英語版をバックパックに詰め込み、売り歩いた。「プロジェクト・ゲン」メンバーは全員が英語版行商人となった。

「この英語版の出版をきっかけに、それを読んだ、日本在住の様々な国籍の人々が『はだしのゲン』

の翻訳出版を始めてくれました。キリスト教会の人々がエスペラント語に、タガログ語に、フランス語の翻訳が行われ、フランスでの出版もできました。その他、ヒンディー語、ロシア語と次々と翻訳グループが誕生しました。

その翌年には第二巻（日本語版で四巻まで）の出版。この二巻の英語版『はだしのゲン』はその後、アメリカのコミック専門出版社から正式出版されます。

この出版をもって、わたしたちプロジェクト・ゲンの活動も、一応の終わりを迎えます。一九八二年のことです。」（『サルボダヤ』二〇〇九年九月）

プロジェクトには一つの区切りのときが来る。欧米のNGOでは最初からプロジェクトの期間を設定する団体も少なくない。しかし、日本では「継続」を重視する傾向にある。プロジェクトは長期になればなるほど、人間関係はウエットになり、区切りをつけるのが難しくなる。

別にドライがいいというわけではないが、目的達成予想期間を設定しておくことも必要である。ある時点で、より若い人たちや現地の人たちに譲渡することが望ましいこともある。何事にも「潮時」というものがある。

当時は無我夢中であった。若さとパトスが活動の推進力であった。振り返ると、賢洋さん、則子さんのある種の「自己犠牲」に依存していた気がする。二人は一度として「自己犠牲」ということを口にしたことはなかったが。

やはり、それぞれのプライバシー、個人としての時間を尊重する配慮や活動の進め方が必要であろう。

時には足を止め、「現状とこれから」について仲間同士じっくり語り合うことも必要であろう。走っていると周囲がなかなか見えない時がある。スピードを落とし、しばらく止まってみると、見過ごしていたものが見えてくる。こうしたことは、これまでの反省からのレッスンである。

## 脱原発活動への関わり

一九七七年、メキシコで「国際非暴力会議」が開催され、ぼくは日本代表として参加した。一週間の会議中、同室になったのが、デンマークの代表、シッグフリード・クリスチャンセンであった。彼はコペンハーゲンを中心に脱原発の活動を展開していた。エネルギー問題をより多くの人たちに考えてもらうために考え出したのが、キャンペーン・ステッカー「笑っている太陽」(smiling sun)。絵の下には、〝Nuclear No thank you〟(原子力　お断り)のマーク。七〇年代の半ば、このシンボル・マークのステッカー、シールが欧米で大ヒットした。その売上げで、市内にビルを購入、脱原発団体のNPOを設立した。

シッグフリードが次に手がけたのが、エネルギー問題の情報サービスNGO、W・i・S・E (World information service on energy)。一九七九年、W・i・S・E中心メンバーが来日し、日本支部の担当を依頼された。「市民エネルギー研究所」の事務所のスペースを間借りして、〝ＷｉＳＥ－Ｔｏｋｙｏ〟はスタートした。

当時、すでに、欧米ではＮＰＯが承認され、活動資金が集めやすい状況にあった。しかし日本ではＮＰＯという言葉さえ、知る人はきわめて少なかった。一九七九年から八〇年代にかけて、市民グループの人たちにＮＰＯの必要性を話して回ったが、反応はきわめて否定的であった。「日本では無理だよ」が大方の反応であった。「欧米だからできる」から「欧米でできるなら、日本でも」へ、人々の思考を転換させるのがいかに困難なことか思い知らされた。

それから一九年、一九九八年の秋に、日本でもＮＰＯがスタートした。ＮＰＯに寄付する人に対する税制上の優遇措置などのメリットが欧米ほどでないなど、今後の課題もあるが、スタートを切ったというのは喜ばしい限りである。市民活動、ボランティア活動が社会的に認知された感がある。広範囲な市民のサポートによって、ＮＰＯが着実に社会に根づいてほしい。

一九八一年には二週間、デンマーク各地で日本の平和運動、反核運動について語る講演ツアーに招かれた。印象的であったのは、反核運動に関わる人たちのライフスタイルであった。シンプルかつエコロジカル。風車やソーラー・パネル装置を手づくりで設置、生ゴミを有機肥料にするべく、分別処理し、ビンはリサイクル。市民はビン持参で、水やワインを購入に出かけていた。子どもたちが日常生活の中でリサイクルを身につけるよう、授業カリキュラムの中に「環境教育」が導入されていた。

帰国後、WiSEの英文ニュースの翻訳、日本語版のニューズ・レターの作成を始めた。全国各地の反原発団体・グループ、個人に発送をし始めた。八〇年代、原発はグローバルな環境テーマとなった。日本のエネルギー問題の現状、反原発活動の近況をアムステルダムの本部に送るなどの活動を五年間続けた後、次の人にバトンタッチした。

一九九七年一二月、WiSEパリ支部のマイケル・シュナイダーは、市民運動のノーベル賞といわれる「ライト・ライブリフッド賞」を原子力資料情報室の高木仁三郎氏とともに受賞した。デンマークの市民グループからスタートしたWiSEが世界的な認知を得た瞬間であった。

## 理性的な怒りの表現

一九七七年の暮れ、約二年間の「フィラデルフィア・ライフ・センター」での非暴力トレーニング研修を終えて、帰国した。ニューハンプシャー州、シーブルックでの原発敷地内非暴力坐り込みのドキュメンタリー・フィルムを持ち帰り、帰国するとすぐに、友人たちと翻訳、日本語字幕作成を始めた。完成すると上映会のため、日本各地の原発建設予定地を回った。アメリカで実践された非暴力直接行動と、その準備としての非暴力トレーニングの必要性を説明して歩いた。地元の農民、漁民の人たちには、原発敷地内に坐り込んで抗議するという手法に抵抗感は大きかった。

一九八八年一〇月一三日、札幌の市民グループから一本の電話が入る。用件は、泊原発（北海道）の試運転が一七日に予定されており、非暴力での抗議行動ができないだろうか、という相談だった。北海道全土で原発建設中止を求める一〇〇万人を超える署名を集め、彼らは道庁に提出した。しかし、まったく無視されたとのことだった。最後の手段としてシーブルックに倣い、非暴力直接行動の坐り込みをしてみたいとのことだった。

ぼくは翌日、札幌へ飛んだ。一四日の夜、八時三〇分、北大の寮に二〇人余りの若者たちが集まった。「非暴力トレーニング・ワークショップ」をしながら、可能な行動を検討した。二人の若者（二一歳と二二歳）が試運転の日に苗木と球根を持って原発敷地内に入り、抗議の意思表示をすることになった。

一〇月一六日、一三時一〇分、二人がフェンスを乗り越え、原発敷地内に入った。そしてムラサキシキブの苗木とスノウドロップの球根を植え始めた。ガードマン、それから私服警官、機動隊員が駆けつけ、二人は抵抗せずに静かに連行された。罪状は「軽犯罪法違反」であった。二人は二日間、拘留され、簡単な取調べの後、釈放された。彼らのシンボリックな抗議行動は、反原発運動サイドのみならず推進側の人たちにもインパクトを与えることになった。人々の心の中に一つの種を蒔くことができた気がする。

当日、配布したビラの中に二人のメッセージがある。

「事故が起きる起きないにかかわらず、原発は放射能を放出しつづけます。そのことによって被害を受けるのは人間だけではありません。地球に生きとし、生けるもの全てが放射能を浴びる可能性をもつのです。原発を運転することは、四十五億年命を育み続けて来た地球という生命体の過去と未来に対する犯罪です。

泊原発敷地内に木と花を植えることによって、私たちの命を脅かす原発に抗議の意志を表します。植物たちが放射能でなく、日光ときれいな空気と水ですくすく育っていくことを願って。

小塩道子（当時、予備校生二一歳）

「私はこのたび、北電泊原子力発電所の敷地内に入って行きます。そして、中に木をうえ、種をまいてくるつもりです。命を奪うもの＝原発に抗議をする意味をこめて。これ以上放射能によって人が殺されないように、地球がこれ以上汚されないように。

これは違法なので逮捕されるかもわかりません。しかし、その心積もりをした上でなら、私たちには『良心にしたがって法に従わない』権利があります。私は微力なので、せめてこうすることで気持ちを表そうと考えました。この行動が泊原発を止め、全ての原発を止めることにつながってゆくよう心から願っています。そしてこの行動は私自身のためでもあり、あなたへのメッセージでもあるのです。　堀田圭介（二二歳）」

社会の不正義、人間性を踏みにじるようなことに対して、怒りを表現することもときには必要である。怒りを感情のままでなく、理性的に表現することである。ちょっと勇気を振りしぼって、立ち上がって、行動してみると何かが動き出す。「本気ですれば、大抵のことができる。本気ですれば、何でもおもしろい。本気でしていると、誰かが助けてくれる」（高木仁三郎氏の友人の僧侶のことば）

自分の体験を振り返ってみても、本気で取り組んでいると、たいてい、支援してくれる人が現れる。気がつくと、サポーターや仲間が増えている。点と点がつながって、次第に面になってくる。そして、少しずつ、何かが変わり始めている。

この行動の後、二人は仲間の若者たちと半年間、ライトバンに資料を積んでの「脱原発移動資料図書館」キャラバンで全国各地を回った。そしていま、彼らは北海道でエコロジカルな暮らしをしていると聞く。

## 教育支援という平和の礎

一九九三年二月、ＰＫＯでカンボジアに派遣中の自衛隊の調査と、現地の状況を知るためにスタディー・ツアーを企画した。予備校で関わりのあった五人の大学生と一人の社会人で、カンボジアの各地をレンタカーで回ることにした。行く先々、国道は見るも無残に破壊されていた。飛び込みで訪れた小・中学校の校舎は、長年の戦争とポル・ポト政権下の混乱で、やっと雨水をしのげるという状態であった。

一九七五―七九年のポル・ポト時代、多くのインテリ、教師がポル・ポト軍に「資本主義に影響を受けた人間は敵」という理由で殺害された。教師不足は一目瞭然、教師の大半は女性だった。驚きとショックの毎日だった。戦争、内線がいかに悲惨なものであるか思い知らされた。また同時に、そんな状況でも懸命に生きる子どもたちの姿が眼に焼き付いた。

帰国後、ツアー報告会を開いた。その会場で、横浜の工場で働くカンボジア難民のKさんと知り合った。Kさんはカンボジア内戦時代、共同通信プノンペン支局助手などを務めていた。一九七六年のある日、ポル・ポト派に捕まり、ジャングルに連行され、かろうじて処刑前に脱出した人物である。タイ国境の難民キャンプで生き延びて一九八一年、日本に移住した。九二年、Kさんは故郷の村を訪れた。校舎も教材もなく、地べたに坐り込んで勉強する子どもたちを目の当りにし、学校建設を思い立った。教育こそカンボジア再建の道と考えた。

一九九三年、Kさんは日本在住の難民仲間、友人の日本人に呼びかけて、「カンボジア教育支援基金」（CEAF東京）を設立し、募金活動を開始した。同年、プレイベーン州の村にバンティチャクライ中学校が完成した。

Kさんから協力を依頼されたぼくらは、フリー・マーケット、チャリティー・コンサートなどによる資金集めを開始した。一九九七年までに三校の小学校が全国の人々からの支援で建設された。村には高校がなく、村人たちからの要望で高校を建設することになった。二〇〇〇年一月五日、中・高一貫校、「カンボジア・日本友好学園」が開校した。六教室、二七四人の中学一年生でのスタートであった。建設資金が集まり次第、校舎を増築することにした。

　支援する側と学校、村の人たちとの間の相互理解を深めるために「カンボジア・スタディ・ツアー」も始めた。小・中学校での生徒、教師、村人たちとの交流会では、学校へ通える喜びで、子どもたちの眼は輝いていた。生徒たちは口々に言った。「お父さん、お母さんを助けるため、弟、妹たちを楽にさせるために勉強したい。卒業したら仕事をして家族を助けたい」と。

「平和な国をつくるために、子どもたちが教育を受けられる学校を各村に建てたいんです」というKさんの願いが少しずつ実現していった。しかし、戦後復興一七年を経た今でも、インフラの未整備、遅々たる経済発展、予算不足のため、村での学校建設はさほど進んでいない。そのため外国のNGOや国連機関が地方の教育プロジェクトの多くを担っている。

　一九九八年の初め以来、「カンボジア教育支援基金」（CEAF東京）は「カンボジア教育支援フロム佐賀」グループと協力して、「カンボジア日本友好学園」での教育支援活動をしてきた。

## 学び合い、喜びを分かち合う関係

　学校建設がカンボジア再建の担い手となる子どもたちに希望と未来を与える場であってほしいという思いで、教育支援プロジェクトに関わってきた。こうした活動では提供することより学ぶことの方が多い。カンボジアの学校カリキュラム、教育方針を尊重し、物理的に不足している部分をお手伝いさせてもらうというのが教育NGOの活動である。

子どもたちは多くの可能性を秘めている。「朝顔の種は黒いけど青い花がさく。赤い花がさく」(原田大助)ということばがある。良い土を用意し、水やりを心がけていれば、花の咲く日がやってくると信じている。

国際的なNGO活動で留意すべき、いくつかの点がある。まず、学校建設プロジェクトを進める中で直面したのは、文化の違い、考え方の違い、育った環境の違いからくる「ものごとの考え方、決定の仕方」の違いである。とりわけ、カンボジアの農村は僧侶や長老を中心としたタテ社会である。仏教への信仰心が厚く、日々の生活は、お寺を中心に動いている。当初は、村での交流会で、村人に積極的に発言するように求めても、発言はごく一部の中心人物に限定された。大半の村人は沈黙のままであった。

いかに現地の人たちと理解を深め、お互いのギャップを埋めていくか、プロセスはもちろんのこと、忍耐と根気がどんなに重要であるか知った。Kさん、学校関係者らとの話し合いを重ね、少しずつ、そのギャップは埋まり、率直に語り合える関係を築けたと思っていた矢先、トラブルが起きた。

二〇〇七年四月、Kさんから「教師給与支援」に関するメールが入った。そのメール内容がトラブルの発端となった。

当時、カンボジアでは教師の給与は安く、月約三〇ドル。それでは生活できなかった。実情は、農村での六人家族の一か月の生活費は約四五ドル。教師たちは政府に給与アップを求めるが、微々たるアップ額で到底、生活費の不足分を埋め合わせることはできない。そのため、バイク、タクシー、道路工事、畑仕事などで生活費を稼ぐしかなかった。したがって、教師の多くは早退したり、休んで、副業に精を出す。残された生徒は自習するか、早めに帰宅することになる。こうして生徒たちは年間カリキュラムを完了することなしに進級し、卒業していくことになる。

こうした状況を少しでも改善できないだろうか――思案した結果、「CEAF東京」では不足分の生活費を補う意味で、「教師給与支援」を二〇〇〇年から始めた。月一五ドルでスタートし、二〇〇七年には一九ドルだった。そして全員の教師に午前七時―一一時、午後二時―四時の授業をする約束をしてもらった。「CEAF東京」と「カンボジア教育支援フロム佐賀」がそれぞれ、中等部支援、高等部支援を分担した。その後、二つの団体とプノンペン市内の団体が「友好学園」の支援団体として名を連ねることになった。

他団体からの支援協力もあり、「教師給与支援」は目標を超える額になっていた。そこで、「CEAF東京」は「教師給与支援」から「生徒支援」に転換すべき時期が来たと判断し、その旨、学園側に伝えた。それに対し学園側からは、教師の生活向上のために「教師給与支援」を続けてほしいと、全教師の署名入りのメールが届いた。

緊急事務局会議を開き、「貧しい子どもたちに、一人でも多くの教育の機会を！」との当初からの教育支援の趣旨を再確認し、生徒支援を優先することにした。その決定が両者の間の亀裂を深めることになった。その後不測の事態が起こるなどと予想だにしていなかった。

再三のメールでの協議、現地での二回の話し合いを持ったが、歩み寄りはなかなか見られなかった。「支援する側」と「支援される側」の思い、意識のギャップが浮き彫りになり、絡まった糸をほどくことはできなかった。

どちらの教育方針案が正しいというわけではない。一〇人いれば一〇通りの教育観があるといってもいいだろう。お互いに「ボタンのかけ違い」もあったにちがいない。結局、「支援協力関係」の発展的解消となった。そのことが、何よりも残念であった。自分の至らなさを噛み締めた。

二〇〇〇年一〇月以降、学園側との連絡調整を担当してきて、「わかっているはず」、「通じているはず」という思い込みがあった。丁寧な意思確認作業を怠っていた気がする。共通言語が英語で、お互いにとって外国語であるだけに、より注意深い、きめ細かなコミュニケーションをもっと心がけるべきだった。ぼくは自省の念にかられた。痛恨の思いであった。

実にさまざまなことがあった。カンボジアの人たちから多くの感動と学びをいただいた。いまでもカンボジアの農村の人たち、子どもたち、風景に対する思いに何ら変わりはない。

農村には二階建て以上の建物はほとんどない。遮るものがないから、地平線まで見渡すことができる。ボケっと遠くを眺めていると、それだけで穏やかな気分になってくる。水たまりには水牛、豚が気持ちよさそうに休んでいる。夕方、農作業を終えて、家路に向かう水牛の背中に六、七歳の少年が乗っているのを見かけたりする。夕日を背にゆったり進んで行く水牛と少年の姿はとてもお気に入りのシーンだ。

六時頃、夕日が西の地平線に沈んでいく。空を芸術作品のような見事な色に染めながら、まるで〝ジュワ〟と音をたてているかのように。その光景を見ているだけで、幸せな気分になる。生きているっていいなあ、自然って素晴らしいなあ、と感じる。

毎年二、三回、現地に足を運んできた。子どもたちは、小・中学校を卒業し、大半は村で働いている。中には、高校で学び、大学へ進学した者もいる。子どもたちが成長していくのを側面からサポートし、見守り続けた一七年間であった。

二〇〇九年、「友好学園」の「高校卒業資格試験」の合格率は九一％で、プレイベン州のトップ・スリーに入った。初めて卒業生を出した二〇〇五年は三一％であったから、驚異的な数字である。K理事長のもと、いくつかの団体から教育支援を受けながら、運営は順調と聞く。「CEAF東京」は「KEAF-JAPAN」と名称変更をし、周辺の六つの中学校、高校の支援を続けている。周辺校の「合格率」は約五〇―六〇％。困難な生活条件下でも勉強を続ける生徒たちに、将来の希望が少しでも見えるように手助けをしていきたいと思っている。

この数年、欧米でのグローバル経済の落ち込みの余波がカンボジアの農村にも影を落としている。都市と農村との間の経済格差は広がりつつある。貧困のため、学校を退学していく生徒の数も少なくない。現地の人たちから「ここからは自分たちでやりますから」という声が聞けるまで、教育支援を続けることになりそうだ。高校教育で支援した若者たちが、教師になって、村に戻って来るのにも、もう少し時間がかかりそうだ。

「村のことは村人が決定していく」「村のことは村の文化、風土、伝統を尊重しながら、行っていく」――その原則を大切にしながら、お互い、学び合い、喜びを分かち合う、付き合いが続けていけたらと思う。

助けることは助けられることであり、与えることはまた受けとることでもあり、「お互いさま」の関係である。草の根市民の協力関係がいつか、日本とカンボジアの友好関係に少しでも貢献するようになれば、と願っている。

## 助かる命が失われていく――ベラルーシ、イラクでの医療支援

一九八六年四月二六日、旧ソビエト連邦ウクライナのチェルノブイリで大規模な原発事故が発生した。事故により放出された放射性物資、「死の灰」は北半球全体の環境を汚染した。

その日、東京では雨がしとしと降っていた。ラジオでチェルノブイリ原発事故ニュースを耳にしたとき、数日中に「死の灰」は飛んでくるだろうと不安が走った。案の定、日本各地の野菜から放射能が検出され、大騒ぎになった。安全な野菜を求める母親たちの悲鳴のような声がテレビ・ニュースで連日、報道された。汚染は一気に広がった。

一九七九年三月、アメリカでのスリーマイル島原発事故。そして、ソ連での原発事故。大量の「死の灰」は容易に国境を越えた。放射能は眼に見えず、舌で感じることはできない。

一九八七年夏、「スリーマイル原発」近くの町、リトル・タウンを訪れた。町は不気味な静けさであった。住民は言った。「今さら、何か言っても何も変わらない。放射能で汚染された大地は戻らない。これに耐えて生きるしかない。今は日曜日に教会に出かけるのが唯一の安らぎです」と。一人の家庭の主婦が示してくれたクローバーは六葉であった。突然変異が起きていた。

チェルノブイリ原発事故から四年後、周辺地域のみならず、五〇〇キロ離れた地域でも、事故の後遺症と思われる白血病、ガンが多発した。当時の模様を鎌田JCF理事長は次のように語っている。

「……一九九一年に第一回の調査で、まだソビエト連邦だったロシアに行ったとき、モスクワの科学アカデミーの教授が熱く語りかけてきた。

チェルノブイリの子どもたちは、今、泣いています。悲しいことに、ロシアの大人たちは子どもたちを助けてあげることができません。どうか、手を貸してください。ドストエフスキーも言っています。

一人の子どもの涙は世界のすべての人々の悲しみより重いと。泣いている子どもを助けてください。」（鎌田實著『いいかげんがいい』集英社）

この調査訪問の後、「日本チェルノブイリ連帯基金」（ＪＣＦ）が設立された。その後のことは神谷さだ子さんによる本書の第2章「チェルノブイリ　母なる大地」を読んでいただきたい。

## あきらめず、しぶとく交渉

友人の高橋卓志さん（僧侶）の誘いで、ぼくはＪＣＦに参加した。もう一人の中心人物、鎌田さんは医師である。ＪＣＦは僧侶と医師の二人三脚のＮＧＯとしてスタートした。「医者と坊さんがいれば、鬼に金棒！」なんて、よく冗談を言ったものである。

事務局長の主な仕事は、薬、医療機器を持って、ベラルーシの現地の子どもたち、病院へ届けることであった。当時は、郵送には不安があり、いつ届くかがはっきりしない。税関通過には煩雑な手続きもある。結局、手荷物として、自分で運び届けるのが一番ということになった。国際ＮＧＯの支援活動の難しさはこうした、国を越えて、物資を送ることに端的に現れる。

ベラルーシという、日本人にとってなじみのない国の税法、慣習、役人の考え方に少しずつ、慣れていくしかなかった。それは並み大抵のことではなかった。面倒なことを一手に引き受けたのが、高橋さんであり、二代目事務局長・神谷さだ子さんである。

政府の交替、税法の改正、手続きルールの変更、ロシア経済の成長に伴うベラルーシ社会の変化などの事情が重なって、以前はオーケーだったものが通してもらえないなど、まるで筋書きのないドラマを読むようなものだった。ひたすら、根気よく待つ。ダメだと思ったときでも、わずかな可能性を見つけ出す。あきらめず、しぶとく交渉してきたのが神谷事務局長である。

大切なことは心を込めて、対話することであった。こちらの思いを押し付けず、真摯に伝える努力をすること。懸命に語りかけるうちに強硬な相手も、歩み寄りを見せることもある。信じれば道は開けるということかもしれない。一回、二回の交渉で、うまくいかなくても、丁寧に繰り返す。「どうにかなるさ」、「どうにかするさ」主義である。

**日本イラク医療支援ネットワーク」（ＪｉｍーＮＥＴ）の立ち上げ**

ベラルーシでの支援活動が軌道に乗り、順調に行っていた二〇〇三年イラク戦争が起きた。数か月後、戦争被害にあった子どもたちの助けを求める声が届き始めた。イラクでは一九九〇年代半ばから、子どもたちの間に白血病、ガンが急激に増加した事実を知り合いのジャーナリストから知った。

長期にわたる経済制裁措置の後、新たな戦争で極端に物資が不足していた。抗ガン剤や最新の医療機器の輸入が大幅に制限された結果、多くの子どもたちは適切な治療を受けられずにいた。助かるはずの命が失われていた。早急に何かできることをしなければとＪＣＦ理事たちは話し合った。

二〇〇四年、来日したイラクの医師と、子どもたちの窮状をどうするか、話し合いをもった。より効率的で継続的な支援体制の確立が急務であるという点で意見が一致した。同年六月、九つのＮＧＯ、団体が発起人となって、「日本イラク医療支援ネットワーク」（ＪｉｍーＮＥＴ）を立ち上げた。隣国ヨルダンのアンマンに事務所を設置し、そこを拠点にして支援活動を展開し始めた。

主な活動は、

一、小児ガン病院の支援――イラクの四つの病院に医療品を支援。

二、医師、看護師の派遣――半年に一度、イラクと日本の医師の会議を開き、治療対策のための医学的な議論と情報交換をする。日本の医師、看護師の現地派遣。

三、院内学級の開設――ガンや白血病に苦しむ子どもたちが「寛解」(ガン細胞が見かけ上消滅した状態)に至るまで、とても長い治療期間を要する。そこで病院内にローカル・スタッフによる院内学級を開設した。治療の合間に子どもたちはアラビア語や算数を勉強したり、絵を描いたりしている。

四、治療継続のための支援――戦争のため、一家の働き手を失ったり、失業した多くの人たちがいる。その子どもたちは貧困のため通院できない。そうした子どもたちへ交通費、生活費支援、治療費の補助を行っている。

五、国境の難民キャンプへの医療支援――国境の難民キャンプの子どもたちの支援。薬を届けたり、健康診断を行う医療活動だけでなく、患者の実態レポートを国連機関に提出したりもする。キャンプの外での治療、手術を受けるための調整作業を行う。

六、国連機関や政府機関への提言活動――より充実した医療支援が行き渡るように、現場での活動体験、調査に基づく提言をする。劣化ウランを用いた兵器禁止のための国際条約成立を目指して、国連機関、他のNGOと協力して、キャンペーンを張る。

薬、医療機器はアンマンを経由して、イラク人スタッフがイラク各地の病院へ届けた。イラク戦争終結後も、国内の治安は悪化し、安全上日本人はイラクへ入ることはできなかった。バクダッド、バスラ、モスルの病院の医師、子どもたちに直接、この手で届けたいと思いつつもかなわなかった。五年間余り、日本人スタッフは「足止め状態」であった。

**二〇〇九年八月、北イラクへ—三つの難民キャンプを訪ねて—**

二〇〇九年に入り、吉報が入った。「北イラクの治安状態はよく、JICA（独立行政法人国際協力機構）がアルビル市に事務所を開設した」と。NGOにとって、JICAの事務所設置は安全判断のバロメーターである。それで、同年八月にJim—NET事務局長とJCFメンバーは北イラクに入ることにした。

安全であることはアルビル国際空港に到着し、すぐに確認できた。各所に兵士や警察官によるチェック・ポイントはあるものの、二〇〇八年二月、民族紛争最中のスリランカを訪問した際に体験したような緊張感がない。市内の風景も特別変わった様子はない。人々の表情も穏やかで、談笑している光景をよく見かけた。連日、テレビのニュースでバクダッドなど主要な都市での爆弾テロ事件を眼にしていただけに、ここは本当にイラクなのか？という思いであった。

北イラクはクルド民族の自治区で、クルド民兵が二四時間態勢で任務に当たっていた。その費用は住民の税金で賄われていた。ハラブジャ市長は言った。

「平和を望む市民の皆さんの協力があってこそ、治安は守られるのです」

カラワ、スレイマニア、アルクリードの各難民キャンプを訪れた。それぞれ、イラン人、イラク人、パレスチナ人が一千──二千人住んでいる。戦禍を逃れ、安全な場所を求めて、砂漠を長い距離、歩いてきた人たちである。

日中、約五〇度にもなる酷暑の下でのテント生活。とりわけ劣悪な環境にあったのは、イラク人が収容されていた難民キャンプ──イラク国内であるから、正確には避難民キャンプである。

内戦、テロ事件が激化し、同じイスラム教徒でありながらも、宗派が異なることでの対立、差別、衝突が続いている。多くの人々は、安全を求めて故郷を去り、北イラクへ逃げてきた。国連機関やNGOから食料、水、物資の支援はあるものの、十分ではない。

避難民キャンプで五歳の男の子と出会った。通訳の話では、バクダッド近くの村から逃げてきたとのこと。彼は家族と少し離れて、パンでなべ底をこすって、必死に食べていた。まったく無表情。声をかけても返事も、何の反応もない。

近くにいた兄弟に尋ねてみた。その男の子の両親は村で他宗派のグループに襲われ、眼の前で殺害されたと。そのショックで、男の子は悪夢にうなされ、夜中に叫び声を発するようになったと。泣くことも、笑うことも、感情を表すことはそれ以来まったくないと。

笑わなくなったこの子に、果たして笑う日は来るのだろうか。

## 医療支援を平和構築のベースに

難民キャンプ、避難民キャンプの人たちには「出口」、「未来」が見つからない。いつになったら、難民キャンプを出ていけるのか、見通しも、約束も、保証も何もない。同じ日常が続き、カレンダーに予定を書き込むこともめったにない。

「中東戦争」、「イラン・イラク戦争」、「湾岸戦争」そして今回の「イラク戦争」があり、多くの人々が国境を越えて、より安全な土地へ移住せざるを得なかった。裕福な人々は飛行機で海外へ脱出することができた。しかし、大半の普通の人たち、農民たちは長い距離を歩き、パスポートなしで国境を越えるしかなかった。

そして、いま、イラクと隣国の国境周辺に難民キャンプが存在する。難民の人たちが存在する限り、「イラク戦争は終結した」とはいえないだろう。遠く、極東の国から彼らに関心を持ち、やって来たという事実が少しでも励ましになればと思った。難民の人たちに心を寄せる人たちが世界中にいるということを、想像してもらえたらと思った。その想像力によって難民の人たちの心に少しでも希望が生まれたらと願う。

ＪＣＦはイラクという、きわめて「困難かつ混迷の海」に支援の船を送り出した。その決断をしてよかった、と五〇度の砂漠の熱風に頭がクラクラしながらも実感した。

「医療支援活動は、イラクでの平和構築のベースになる」とイラク人スタッフは言った。また、訪問先の病院の医師は語った。「広島原爆体験から立ち直り、めざましい経済発展を遂げた日本、日本人のことを想うと希望が見えてきます」と。

そして、「アメリカとの戦争に敗北し、六五年後、そのアメリカと経済と外交の新たな関係を日本は築いている。イラク戦争の後のイラクの将来を考えると、日本から学ぶことは多い」と北イラク、アルビル市のNGOワーカーは語った。

## 非暴力平和維持という目標のもとに――非暴力平和隊のこと

一九九九年、オランダのハーグ市で「ハーグ世界平和市民会議」が開催された。世界中のNGO、国連機関、さまざまな市民団体、グループが集った。この会議から、民族紛争地に「国際的な平和チーム」を派遣して、非暴力的な解決を目指す「非暴力平和隊」(nonviolent peaceforce＝NP)が誕生した。このアイディアは、マハトマ・ガンジーが提唱した「シャンティ・セナ」(平和部隊)に遡る。「非暴力平和隊」は、ガンジーの構想を二一世紀に継承し、実践しようというものである。

二〇〇二年一一月、インドで「非暴力平和隊」の設立総会が開催された。共同創設者のデビッド・ハートソーは一九七〇年代「フィラデルフィア・ライフ・センター」時代からの友人である。「ハーグ市民平和会議」に参加した大畑豊さん（非暴力トレーニング・ファシリテーター）とデビッドの誘いで、ぼくはNPに参加した。

二〇〇三年六月には、「非暴力平和隊・日本」（NPJ）の設立総会が開かれた。同月、スリランカでの民族紛争の非暴力的な解決を目指して、「スリランカ・プロジェクト」がスタートした。日本から大島みどりさんが「国際平和チーム」の一員として参加した。現在、世界中の約九〇のNGO団体がメンバー団体となり、ネットワーク方式で「国際平和チーム」のサポート、各国での情宣活動を展開している。

NPでは、活動の主体は現地の人たちであり、NPは紛争国のパートナー団体をサポートする役割である。地域の自決権を尊重し、中立的な立場（政治的な立場をとらない）を原則としている。いかなる団体、政党に賛同したり、所属することはない。決して政治的声明や決議に加わることはしない。そうすることで、紛争地現場にいる「国際平和チーム」に政府からの圧力がかかることを極力避ける配慮をしている。

紛争地での主たる活動は、

一、護衛的同行──生命の安全が脅かされている人たち（活動家、難民など）に同行し、身の安全を守る。外国人二名がペアーとなって、現地の人に同行すると問題は起きにくい。

二、国際的監視（オブザーバー）──外国からの平和チームが現地に滞在し、出来事を「世界の眼」として情報発信する。

三、緊急ネットワーク（ERN）――現地での暴力的かつ非人道的な事件、脅迫、不当逮捕などに対し、抗議要請のメール、電報、FAXを世界中からその国の政府、関連機関に送る。
四、非暴力と人権に関する教育プログラム――非暴力、平和の文化や非暴力トレーニングの手法を伝える講演会やワーク・ショップを各地で開催する。
五、少年兵防止――少年、少女兵の確保を目的とする子どもの誘拐を防止する。脱走、逃亡してきた少年兵の安全な場所への誘導、避難同行。少年兵の保護にあたっては、UNICEF（国連児童基金）など国連機関と協力して実施する。

一九八〇年代以降、国家間の戦争より民族、宗教などの対立、衝突による暴力事件、殺人、誘拐などが増加している。一般市民をも巻き込んだ地域紛争は一層、激しくなり、長期化する傾向にある。

NPの主な方針、新規プロジェクト、財政、既存プロジェクトの検討は「国際理事会」での決定事項である。「アジア地域」（三名の理事枠）の国際理事を二〇〇七年からぼくは務めてきた。

会議は隔月、スカイプを利用しての電話会議で、英語で二時間半。ときとして三時間に及ぶこともある。大半の国際理事にとって、英語は第二外国語である。アクセント、表現の違いなど、さまざまで、集中力と忍耐力を必要とする。じっくりと耳を傾け、わかりにくい表現には、丁寧に、ソフトなトーンでチェック確認する。根気よく、話し合っていくことの大切さを学んできた。

## スリランカに蒔かれた平和の種

二〇〇九年五月一七日、スリランカでの民族紛争は、タミル派のLTTE（タミル・イーラム解放のトラ）の「敗北宣言」により終結した。その後、スリランカ北部で約二七万人のタミル人が避難民となり、劣悪な条件の下、キャンプ生活を送っている。他地域にも、戦禍を逃れ、避難民キャンプでの生活を強いられている多くのタミル人がいる。その数は一〇万人とも、二〇万人ともいわれている。正確な数は定かでない。

二〇〇九年に入り、スリランカ政府はタミル人が支配する北部地域へのメディア、国際NGO、国連機関の立ち入りを著しく規制してきた。人道的なNGOの実態調査活動、避難民への人道支援活動すら制限された。薬、食料さえ届けることもできない状態が続いた。

九月中旬から一か月間、現地に滞在した、Tさんから報告があった。事態は改善され、国際NGO、国連機関、タミルの団体が避難民救援活動をしていると聞き、ほっとした。NPは、今後数年間、スリランカに留まり、避難民への人道支援、現地の平和グループのバックアップ活動を継続する。民族紛争の平和的解決を目指す活動は時間をかけ、根気よく、忍耐強く進めるものであることをこの六年間、学んできた。平和の種を蒔き、毎日、丁寧に水まきをし、余分な雑草を刈っていくことだと。

二〇〇九年七月中旬、スリランカ・プロジェクト視察を終えて、東京に立ち寄ったNP事務局長メル・ダンカンは次のように語った。

「スリランカでは大変な危機的かつ重要な時期に直面しています。剃刀の刃渡りをしている感じです。いま、人道的危機が起こっています。どの情報を信用してよいのか、なかなか判断し難い状況です。ですが、およそ二万人が殺されたことはわかっています。そして、医療が必要な人も二万人、難民キャンプのようなところにいる人が三〇万人います。

やはり、スリランカ国内に居続けようと、二〇〇八年秋には決めていました。その時点の状況では、できるだけ北の方に移って、ヴァブニアに強硬に入っていくというのがわれわれにとって比較的簡単な選択肢でした。しかし、そうしていたら、私たちの国際ピース・キーパーたちは国外追放、退去になっていたでしょう。そうしたら、現地の人たちは保護されなくなっていたと思います。

ですので、政府とも少しは協力しなくてはいけないと思いました。それは、一方では政府との覚書（ＭＯＵ）による合意のもと、協力していくということを意味しました。もう一方では、できるだけ、ヴァブニア地域に強硬に入っていくということでした。いまでも、政府と覚書の交渉をしています。覚書があれば、人々がキャンプに収容されている地域のピース・キーパーを増やしていくことになります。

活動内容はキャンプの中の人々の保護、その共同体に拠点を置く人権監視団体の支援。また、キャンプの中の人たちが自分たちで監視、報告活動をやっていけるよう訓練すること。政府が約束したことが、実際に共同体のグループや個人に行き渡るようにするため、グループと個人の信頼構築。そして、地元の人たちが基本的サービスをするため、『護衛的同行』を提供すること。また子どもたちへの『護衛的同行』もしてあげることになっています。

「われわれNPは変化し続けています。これはすべて真理に対しての実験だからです。NPの焦点は非常に明確です。それは、どうやって非暴力市民平和維持をするかということを学ぶことです。それと、暴力に巻き込まれた市民を守るということです。NPの大切なサポーターであるマイレッド・マグワイヤ女史（アイルランド人。ノーベル平和賞受賞者）が六月にパレスチナのガザ地区近くで人道的行動を行いました。その行動は、NPの役割を示唆しています。

非暴力平和維持は一見、費用が高くつくように見えても、他の平和維持の活動、方式に比べれば遥かに経済的です。」

二〇〇九年一二月現在、NPは「スリランカ・プロジェクト」、「ミンダナオ・プロジェクト」にそれぞれ、一五—一七人の国際ピース・キーパーを現地派遣している。一二月の初め、「南スーダン・プロジェクト」がスタートした。

各地の民族紛争は混迷を極めている。「停戦協定」が破棄され、「和平交渉」の復活のプロセスで、極地的な武力衝突が起き、交渉が中断されるといったことを繰り返している。当事者だけでは解決の糸口が見出せない状況にある。国連、国際社会が第三者的に対立するグループの間に入り、和平に向けて対話を促進することは急務である。国際社会、各国の政府が積極的に民族紛争の解決に乗り出すよう働きかけることは、ＮＰのような国際ＮＧＯの重要な活動の一つである。

## チェンジは可能

人間がつくり出した問題は人間が解決するものである。どんなに絡み合い、複雑な問題であったとしても、徹底して話し合い、お互いの立場を理解し、妥協点を見出すことによって、解決の糸口は見えてくるだろう。決して武力、暴力に頼らず、非暴力でこそ解決できるということを人々に、とりわけ若い人たちに示すことこそ、私たちの課題である。

歴史から学ぶとき、戦争・紛争の解決には多大な時間を要する。こうした民族紛争は自分が生きている間には解決できないかもしれない。そうであっても、次世代の人たちにバトン・タッチできる道筋を示せるよう尽力したいと思う。アメリカでかつて「奴隷制度」があった。一六一一八世紀、制度の廃止の日が来ることを信じた人は少なかったそうだ。しかし、今、「奴隷制度」は存在しない。

「チェンジは可能である」と信じる。一歩でも、半歩でも、一ミリでも足を前に進めることである。百年後、二百年後、「民族紛争、地域戦争があったなんて信じられない」と人々が言う日が来るかもしれない。「軍隊というものがかつてあったそうですね」と人々が口にする日が来てほしい。そう信じながら前を向いて歩いて行きたい。

# 終　章

## 対談　ボランティアってどういうこと？

野本三吉・阿木幸男

**阿木**　野本さんは寿町や児童相談所などの仕事を通じて多くの人と知り合ってこられましたが、そうした付き合いの面白さや楽しさ、大変さといったことを話していただきたいと思っています。まずは少し前のことになりますが、阪神・淡路大震災のときのボランティア活動のことからお願いします。

## 生きる力……見る力

**野本**　ゼミの学生の中に、お姉さんが神戸に住んでいた人がいました。ちょうど高速道路の倒れたすぐ脇に住んでいたそうです。彼はあの状況の中を必死に、お姉さん夫婦の家に行ったんです。辿り着いたら、ちょうど近所の人たちが「この家に家族がいたはずだ、子どももいたぞ」って捜索してくれていたそうです。まずお姉さん夫婦が遺体で見つかって、その子どもは二人の下にいて、虫の息ではあったんだけれど奇跡的に助かりました。

彼は大好きだった姉さん夫婦が亡くなって大ショックを受けていたし、その子を自分で引き取って育てるしかないってところまで追いつめられてしまった。彼は片付けや何かで二か月くらい神戸にいたらしいんですが、ちょうど授業が始まるくらいのときに、どうしただろうってゼミで話をしていたら蒼白な顔で現れて、子どもを引き取るから大学を辞める、みたいな話をしたんです。ぼくは「君一人で育てるっていっても大変だし、ちょっとゼミで話そうよ」ってことにした。それで彼に話をしてもらって、結局もう少し生活を安定させながら、これからのことをきちんと考えていくことになったんです。ぼくも彼が子どもに関わる仕事がしたいってことだったんで、児童相談所の仕事を紹介しました。

そんなこともあって、改めて彼の話をゼミでもしてもらったんだよね。他の人も実際阪神の状況に関心があったのでね。それで何人かの学生がボランティアに行ったりして……。その中の藤田君って学生がね、夜中、うわーんってすごい雑踏の中から電話してきて「先生、ここではみんな生きてるよ。これが生きているってことなんだよ。先生は何やってんだよ、社会福祉やってるっていっても！」なんて、ぼくはどやされたりした（笑）。

なんていうのかな、彼らも「生きている実感」っていうのがないわけではなかった。しかし生きるか死ぬかというギリギリの世界で、見ず知らずの人がお互いに声を掛け合って助け合っている、生死を実感する世界があるということが大変ショックだったと思うんだよね。その藤田君が戻ってきて一年間休学するって言いだして。彼は向こうで生活を始めたんだけれども、その通信が続々と送られてくる。それでゼミのテーマを阪神・淡路大震災ということにして、他の学生も夏休みにボランティアに行くことにした。

「生きるってどういうことなのか」ということを、実感を通してはっきり感じさせられたのが阪神・淡路大震災だったのではないかな、とぼくは思うんですよ。これは理屈でいってもあまり説得力がないんだけれど、死というものが目の前にあるときに、生きていることのすごさとか素晴らしさって実感できるんじゃないのかなぁ。同時に、死ぬっていうことの辛さとか悲しさとかがどういうことなのかが体感できるっていうか。

その後だいぶ経ってから考えたことなんだけれども、生きるということは結局、何かすること、行動し、経験することではないのかな。寝たきりの人も寝てるという行動をしている。そして「生きる」ことをするためには、物を食べ、空気を吸い、体を動かすってことをしなければいけない。行動すること自体が、生きることなのではないかと思うんです。そして「生きる」ということを仕事と置き換えてみると、すべての人が仕事をしているといえると思うんです。行動するということは最低のところで経験をするということで、それが生きてるってことの実体なんじゃないかと思うんです。

阪神・淡路大震災のときに思ったのは、学生たちは生死にぶつかって経験するということが非常に少ないんじゃないかなと。自分が関わらないで外から見るという経験はたくさんあるけれども、自分が中に入り込んで、そこでどうしようかという直接経験、体験というのが少なくなっている。それが阪神・淡路大震災のときに実感を摑んだ、それが「生きてる」っていうあの言葉に表れていたと思うんです。

**阿木**　ぼくも九五年三月に約一週間、「コスモ」という大検コースの教室の生徒を約二〇名神戸に連れていったんです。何だか凄いことが起きてしまっているということを生徒も感じていました。生徒たちはボランティアの経験がまったくなくて、戸惑いながらボランティアを始めました。

彼らの多くは、中学・高校を辞めて家にいたりして、いつも誰かに世話される立場なんです。だから自分が人のお手伝いをするという経験がない。そこで現地で被災者から「ありがとう」と言われて、「あ、自分も役に立つんだ」ってすごく感激。普段から肉体労働とは無縁な人たちなので、実は「早く帰りたい」と言うかなと思っていたんですが、一週間後、充実感を感じて、何人かは残りたいと言いだしたんです。結局五人残りました。その中の二人は神戸に三か月ぐらいいました、戻ってこないんですよ。自分を必要とする人がいて、まさに生きてると感じたんですね。そういう場所は他にはなかなかないということだと思います。

この体験が彼らをすごく変えました。帰ってきてから一人は、社会福祉とか老人介護の方向に進みたいと言いだし、二人は沖縄に行きたいと。きっと神戸でいろんな人に出会ったんですね。沖縄の人にも出会い、差別の問題とか基地の問題とか話を聞いたと思うんです。

**野本**　いままで世話をされてきた受け身の立場の人が自分が役立つ、必要とされている、存在する意味があるという実感を持ったんだね。「君の存在があることで助かったよ、ありがとう」と感謝される。こういう経験があまりなかったんじゃないかな。

若者は本当にエネルギーも体力もいっぱいあるんだけれども、それを活かす社会じゃない。隠れた能力があるのに、別のことを聞かされちゃうんだよね。勉強一生懸命しなさいとか、こういうことしなさいとか、こういうことしちゃいけないとか。しかし青年たちの持っているエネルギーは本当に凄いんだな、それを使ってぜひみんな協力してくれよ、という社会ではないんだろうね。

阪神・淡路大震災に限らないけれど、ボランティア活動っていうのはそういうことが大いにあるよね。どうしても助けてもらいたいという人がいて、そこで自分たちの力を引き出される、ということが。「私でもこんなことがやれる」、「あ、ぼくが役に立ってる」とかいうのがあったんじゃないのかな。

**阿木**　野本さんたちの学生たちが、横浜市立大学で報告会をやりましたよね。他の学生たちの反応はどんな感じでしたか。

**野本**　まず、報告会、シンポジウムに至る経過を述べてみます。もちろん現地に行くのが一番いいことだけれども、大学も休学してまでというのはなかなかできない。だから残った人たちと連携を取りながら、休みが取れれば行って調査活動をしようという話になった。ゼミでは、その状況を伝えてサポートしていこうということだったんです。

しかし彼らが現地で圧倒されたのは、自分たちで生活を立て直そうとしている人たちの意欲なんだよね。ボランティアの応援が一時的なものだと気付くんだ。物資の援助もある時期は絶対に必要なことだけれど、現場が本当に立ち直っていくためには、そこの人たちが中心になって生活を作っていかなければ永続性がないということだよね。被害を受けた人たちが主人公で、再建のプランを立てるときには当事者である。その再建作業を行政が有無を言わさず行ってしまうことは、何か違うってことに気付いていくんです。

ボランティアという立場は行政が何かをやろうとするのと、地域の人たちが自分たちで作ろうとすることとのちょうど中間にいて、しかし感情的にはどうしても住民側なんだな。だからこの人たちの代弁者として行動するようになる。そして行政もそういう役割をするべきだとか、いろんな批判を持って帰ってきたんです。

そしてゼミで議論しているうちに、「神戸は神戸で頑張る」ということはどういうことなのかと考えるに至った。自分たちは、自分たちの住んでいる地域のことを考えなければいけないのではないかという話が出てきた。大きなことが起これはそこへ行く。しかし自分の周りはどうなんだ、身近なところでも大変なことが起こっているのに、「見る力」がなくなっているのではないかという話になってきたんです。自分たちの住んでいる地域がどういう状況なのだろうかということを、地に足をつけて考えてみるというか。そして一二月にシンポジウムを開いたときには、神戸の人たちがやっていることを、自分たちの生活の中でどう受けとめていくかを考えることになったんです。

そのとき「見えない関係を見える関係に」というタイトルをつけて、地域のボランティアグループにも声をかけて、実際に炊き出しをしたり、阪神・淡路大震災の写真や作文の展示会をしました。当日は学長はじめ、先生方もたくさん参加してくれてね。阪神の事実を知らせようと当初始めたものが、自分たちの足元を見るということになっていったんです。

阪神・淡路大震災で最も学ぶべきことは「大変だよ」と知らせることではなくて、現地の方が中心になって自分たちの地域を精一杯作ろうとしている、それを応援することだと変わってきたんですね。そして神戸から戻ってきた人たちが自分の住んでいる地域とか、故郷を調べることを同時に始めたんです。これはすごくいい受け取り方をしてくれたなと思っています。

ボランティア活動というものがどう成立したかを調べてみたことがありました。最初はイギリスで自警団として始まったんです。地域での生活が厳しくなると他の地域を攻めたり、盗んできたりするようになってしまう。それを守らなければならない、生活を守るということが発端だったらしいです。自分たちの生活を自分たちで守ろうとしているわけです。

これは黒沢明の映画『七人の侍』に共通したところがあります。農民たちが一生懸命やっているのに収穫したものを野盗にとられちゃう。なんとかしたいが、自分たちでは力がない。そういったところで「助けてくれ、金なんかないが、お腹いっぱいご飯を食べさせることはできる」とある人に頼む。こうして一緒に働く侍を探して、一生懸命、村を守る。これになんでみんな感激しているかというと、放浪している、職を追われた侍とかを農民たちが助けてくれる……そういうのに恩義を感じている、しかも感謝される。となれば命懸けで働きますよね。そして自分たちのやっていることもわかってくる。あの中では一人だけ武士を捨てて農家の女性と恋愛して結婚するんですよね。それはその地域の人になるっていうことですよ。

ぼくはボランティア活動というのは、土着の、地域の共同体が自立していくときに、自分たちではできないところを支えてくれ、助けてくれる、そこが出発点だったんじゃないかなと思うんですよね。

しかし、この形態のボランティアは大きくなると志願兵という形で軍隊になってしまいます。つまり、地域の共同体が国家共同体になったときは、途中で変質して権力の手先になっていくんです。だから共同体が小さくとどまっているうちは、その地域を守っていくためには必要かつ、有効なことなんだなと思います。

**阿木**　映画の中で武士が去っていくとき、「主人公は農民である」みたいなセリフがありますよね。あのシーンはアメリカ人も好きで、みんな最後のセリフがいいって言うんですよ。地域の住民が主人公であるということですよね。あの映画が多くの人の共感を呼んだ一因だと思います。

軍隊の話では、スペイン戦争のときもボランティアという言葉が使われましたよね。スペイン戦争に関連した映画を見たときに、ボランティアで志願した兵士同士でもイデオロギーの対立がありました。「七人の侍」では農民の生活を守るということでした。同じ目的で志願しても軍隊では、誰が実権を握るかとか戦略、物事の決定の仕方がタテの命令系統になって、そこに矛盾が生まれてくるというか……。

**野本**　ボランティアというのは、もともと自発的というか、一人ひとりが自分の判断で決めていくということがあるけれども、軍隊の中に組み込まれてしまったときは当初はボランティアだったかもしれないけれど、強制的に組織に組み込まれてしまう。すると自分の意志ではないこともしなければならなくなる。

**阿木** そうですね、権力を持って組織や人を動かす場合、最初は民主的な人も、人を支配して合理的に物事を決定するような機構を作っちゃうじゃないですか。そこには上下関係ができてくると思います。ぼくはボランティアの大事なところは全員が同じ立場で、みんなで参加して物事を決めていくことだと思います。そこには命令というものがなくて、する・しないという決定権は各自にあるんだということです。

**野本** すごく民主主義的ですよね。ボランティア的関係という言葉があるとすれば、自分で判断してやる・やらないを決めていくことですよね。それがすこしずれて上下関係や命令関係が入っていくと、ボランティアというものとは違うって感じがするよね。

こういうこともあるよね。どこかで大変なことがあって「みんな行きなさーい」ってことになったときに、行かないとなんか悪いことをしている気になってしまう、とかね。

**阿木** どこが一番大変かということではなくて、それぞれの場所には問題があって、神戸の震災被害も福井での油の流出問題も大変だけれども、身近に体の不自由な人や病人を抱えていれば、支援に行きたいと思っても行けない。ボランティアは、行ける状態にあるから行けるということですね。

**野本** そうなんですよね。だから本当は、もっと自分の生活に密着しているところでやったほうがいいと思う。よく言われるのは、すぐそばに体の不自由な人がいて、おんぶして病院まで連れてってくれと言われても、その人の体がちょっと汚れてたりしたら、その人を見ないようにする。そして世界の平和を守るみたいな大きなことを口にする。

自分自身の目の届く範囲、生活圏の中で活動をするということがとても大事なことだよね。自分が関係しているというところに必然性がある。普通のボランティアでも、全然関係ない地域で活動するという気にはあまりならないと思うんですよ。何か気になることがある、とくに知っている人がいるとかね、自分も同じように辛い経験をしたとか、なにか自分の中に突き動かされるというものがあるから行動すると思うんだよね。

**阿木**　それから、身近に障害を持っている人とか身体的に不自由な人がいれば、付き合うチャンスもあると思うんです。しかしいまの社会では多くの場合、社会福祉施設に入れてしまう。若い人たち、とくに一〇代、二〇代は障害を持つ人たちとの関わりが少ないんじゃないかなぁ。どうですか。

**野本**　学校の中では出会うチャンスは少ないんじゃないかなぁ。いまの学校教育ではすぐに、特別支援学校や養護学校に入れてしまうから。小さいうちから障害を持っている子どもと切り離されちゃうんですよね。均等というか、同じような子どもに教えるということが合理的だし能率的だから、どんどんそうなっちゃった。ちょっとゆっくりやる子とかできない子が一緒にいて、そこで協力し合うというのが、学校の出発点だったと思うんだけれども、より効果的に教えるということがいわれるようになってしまったんだね。

## 異文化の豊かさに気づく

**野本**　ぼくの大学にね、目の不自由な女子学生が入ってきたんです。ずっと盲学校に通ってきたけれども、大学はみんなと一緒に行きたいということでね。ほとんどの学生がどう対応していいかわからなかったんだ。けれども、彼女自身もわからなかったんだよね。つまり、目の不自由な人とは生活してきて、そこでのルールはわかるんだけれども、普通のというか目の見える人たちとどう付き合っていいのか、どう話をしていいのか……。恐かったっていうんですよね。

一見見えそうで、でも見えない。廊下で立ち止まっているようなときにどう声かけていいのか、まったくわからないんですよね。ただ、彼女が一学生として一緒に生活していく中で、だんだんと「ちゃんと私言うからそこへ連れていってほしい」ということが、わかるようになってきたんです。そこで学生たちも同じような体験をしてみようと、実際にやってみたんですよ。二人一組になって片方がアイマスクをして、教室から出ていって、生協で本を買うとか、研究室まで電話を掛けてみるとか。

でね、学生たちが言うにはすごく恐いと。とくに階段がね、前に相方が付いていてくれているんですよ。だけどもしその人が騙したりすると、大変なことになっちゃう。今回の体験では友人だからいいけれども、もし街で知らない人に「じゃあ、行きましょう」って言われたとき、その人を絶対的に信頼せざるを得ないんです。絶対自分に危害を加えない、殺したりしないという信頼を持って付いていくんですよね。

自分がこういう体験をしてみると、障害を持っている人たちがこんな気持ちで自分に信頼を寄せてくれているんだとわかるから、いざ街で声を掛けられても裏切れなくなる。それから、ボランティアする方が、信頼に応えようとする誠実さや責任感といったものが自分の中にもあるって気付いたりする。そういったことがあります。だから、お互い知らない感覚を持っている人たちが出会うことによって、自分の世界が広くなる、ということはあると思います。

ぼくは、信頼関係というのは人間関係の基本だと思うんだ。けれども、絶対的な関係ってなかなか持てないですよね。物を食べさせてもらうときだって、自分は何にもできないから、口に入ってくるものを食べるのだから。たとえ毒を盛られたってそれを食べるしかない。その人を信頼するしかない。それって命がけですよね。車椅子だってそう。坂道でぱっと手を放されたら、大変なことになっちゃうんですよ。

**阿木**　これまで出会ってきた人たちと違う人たちに出会うと、発見があるんですよね。そのことで自分が役に立ったり、救われたりということがあるので、自分の関わりの幅が広くなりますよね。

**野本**　幅が広くなる、これは間違いないね。違う人たちというのは、言ってみれば違う文化を持つ人たちだよね。目の不自由な人たちは独自の文化を持っている。ものすごく想像力が豊かだと思う。外国人もそう。異質な人に出会うというのは、その人の持つ文化に出会うことで、それは文化と文化の交流ということがある。その違いを理解したり知ったりすれば、確実に豊かになるよね。いろんな人に出会うこと、これが楽しくなるといいんだよね。普通はめんどくさくなっちゃう。いろんなものに会いすぎると（笑）。

**阿木**　一九八七年にピースボートに参加したとき、成田空港で二〇代後半の目の不自由な人が合流しました。その人がパラオの港で、「ここに船は五隻くらい泊まっていないですか」と言うんですよね。ほんとに六隻でした。何でわかるんですかって聞いたら、機械の音とかでなんとなくということでした。「ここは潮の匂いが日本の海とは違う」とか言うんですよ。

**野本**　脳性麻痺の青年をゼミで聴講生として受け入れることにした。初めは喋るのもゆっくりだし、他の学生もずいぶんイライラしたと思うんだよね。しかしだんだん慣れてきて、ゼミ合宿の話をしたときに、彼も行くって言いだした。ぼくは内心「いやー大変だぞ」と思ったんだけれど、何も言わなかったんです。

すると、当日集合場所に、三人くらいの学生が車椅子を押してきた。どういうことかと思ったら「昨日から泊まり込みなんですよ」って。一緒に来たんですよ。いやぁ、ぼくもびっくりしてね。黙ってはいたけれども、どうやって連れて来るのかなってすごく興味はあったから。それで、着くとトイレに連れていかないといけない、お風呂にも一緒に入ったりして。でも旅館の人も「うちもこういう学生のために、手すりをつけなくちゃいけない、エレベーターも必要かな」、なんて言いだしてね。すごくいい旅館の人たちでした。

最大の問題がね、夜のコンパのときに、彼はお酒を飲んだことがなかったんですけれども、今日は飲むって言うんですよ。彼は飲んで酔っ払ったら大変なことになっちゃうから、普段は飲まないんですよ。これも、どうするかってことになったんだけれど、他の人たちは飲んでるし、一緒に飲んだんです。そうしたら案の定、しばらくしたら気持ち悪くなって戻しちゃった。すごく苦しんでね。

みんなも飲ましちゃったから大変だって一生懸命介抱した。夜中ずっと、明け方くらいになってやっと落ち着いた。けれども彼は「初めてお酒飲んだ。一人だったら飲めなかったけれど、みんながいてくれたから安心して飲めた」って言うんですよね。そのときにすごく信頼感が増したんです。彼が来なかったら、絶対できなかった体験でしたね。

その後、三重県の脳性麻痺の方が、手術をするために横浜の病院に入ることになった。脳性麻痺って二次障害が起こるので、手術が必要になるんだよね。たまたまぼくの知っている人がボランティアをしていたんだけれども、その人たちが三重県から頻繁に来るわけにはいかないから、横浜市大や地域のボランティアで応援してくれって話になったんです。手術直後から二週間は二四時間態勢で面倒を見て、あとは一日三回の食事の手伝いをしてくれってことだったんです。結局三か月くらいだったかな。学生がローテーション組んで、ぼくも朝行って食事の手伝いとか髭剃ったりとかしました。

そういったことをやったことがない学生ももちろんいたんですが、彼が全部指示してくれたんです。あ、もうちょっと右とか、髭剃ってくださいとかね。総勢七〇人くらいが関わった。そうしたら彼がどうしてもお礼をしたいって言いだしてね、年金から一人五〇〇〇円くらい出したいって。そのときはものすごい経験をしました。

その中の一人が、日航の客室乗務員になったんですが、あのときいろいろ教えてもらったから、この前もすごく感謝されたっていってました。どうしますかって聞きながらしなきゃいけないこととかあるんですよね、やはり。異文化の人に出会うことによって、自分自身が新しい世界を持てるっていうことがあると思いますよね。

**阿木**　名古屋のコスモで夏の合宿をすると、生徒たちはマンガ読んだりウォークマンで音楽聞いたり……。どうしたらいいかと思って、斎藤マコトさんという人がコスモの講師で車椅子の方なんですが、相談したら、障害を持っている「わっぱ」の人たちと一緒にキャンプをしたらどうだろうということになった。そのときに障害者と何かをするということには一切触れないで、「生活キャンプ」としたんです。三日間キャンプをする、しかしボランティアとか介護とかいう言葉は使わないでしようと。

当日名古屋駅に集合したら、車椅子の人と知的障害を持つ人が一〇人ぐらいいて、集合するとすぐにトイレ介護とかがあって、お手伝いの仕事がどんどん出てくる。生徒は訳がわからないままに一生懸命でしたね。普段だったら夜中まで起きている生徒たちが九時ぐらいには「もう寝る」

って言いだしたんです（笑）。くたびれ果てて……。

普段、朝一〇時前には起きないような人たちが、「わっぱ」の人たちに「トイレに行きたいから」って起されるんです。文句言って帰るっていう子もいるかなと心配してたんですが、誰も言わないんですよね。そして自然と担当が決まって、「ぼくがそばにいないとあの人はトイレに行けない」とか、気になってくるんです。普段は自分たちの好きなことばかりやっている人たちが三日間つきっきりでした。

キャンプ後にはみんな「すっごい疲れた。でもこんな面白いことは初めてだ」って。「またあの人たちに会いたい」って生徒の方から言いだして三週間後に交流会をすることになった。準備の段階からみんな生き生きしてましたね。サンドイッチ作ったり、コスモの教室にゴザを敷いたりして。そして自然とキャンプで担当になった人のそばに行くんですよ。

ぼくはね、こういうふうに付き合うことによって自分のできることを生徒も発見して元気になってくるんだな、それで感謝されると生き生きしてくるってあるんだなって思いましたね。高校中退し、レールから外れた少数派だと思っていた彼らが、世の中にはもっと大変な条件の中で生きている人がいるんだなって認識したんですね。内側にある潜在的なエネルギーや力が呼び覚まされ、自分自身がこんなにも力がある、こんなにも求められているということに気付いたんです。

**野本**　しかし一旦そのことに気が付いた学生たち、青年たちっていうのはものすごく豊かになるはずですよ。間違いなくね。そういうことを経験していった学生たちは、ぐるっと変わってくる。

いまはみんな勉強してきた学生たちばかりだから、本を読んで知識があったり、バイトしてお金を貯めたりとか、自分に力を貯めたいことはありますよ。これがいまの文明ですよね。自分の中に貯め込むということが豊かになることだと思っているんだよね。しかし、貯めたものをどうやって使うかっていうことがものすごく大事なんだ。自分に貯えたものが使える、役立つという関係、財産・知恵・情報・力を自分のためだけに使うのではなく、他の人たちと一緒に使うということがとても嬉しいということなんだよ。

これは関係の豊かさ、関係の成熟だろうね。自分と他者との関係をどれだけ豊かにできるかということが、これからの文明だと思うんです。ボランティア文明だと思う。関係を豊かにするっていうことは人間にとってはものすごく大事なことで、それはため込むことじゃなくって使うことなんですよ。

実はぼくは三、四年前に糖尿病の検査入院をしたんです。これはどういう病気かというといろんな物をため込んでしまったことから起こるんです。食べて食べて貯えて、運動をしない使わない。この現代病といわれている糖尿病が、いまの社会そのものに当てはまるんじゃないかと思ったんですよ。

**阿木**　日本の社会では、子どもたちはすごく競争原理に影響を受けてしまっている。学校ではやっぱり点数の低い子というのは元気が出ないじゃないですか。ある程度できて、評価をされる子というのは元気があると思うんですよね、認められるから。しかし一緒にやっていこうと思って、友達のことを気にして面倒見たりしていると、どうしても勉強は遅れていく。そういう子たちが持ち味を発揮する場所はなかなかないんですね。

さっきの自立という話の流れからも、よく考えてみると健常者といわれる人だって能力の差はある。年を取っていくと、若いときにできたことが段々できなくなってきます。目が見えにくくなる、耳が遠くなるとか、いろんな能力を失っていく。誰かに助けてもらうことが日常的になってくると、人との関係がないと生きにくいわけです。だから、年を取っても全部自分でできて元気で溌剌としていることこそ素晴らしい、凄いという考え方はちょっとどうかなぁ、と思うんです。

**野本**　人生には「生老病死」ということがあります。四苦っていうんだよ。それは貴賤上下の別け隔てなくだれでも経験することだ、って鎌倉仏教ではそういったよね。四苦八苦っていうのはまだ八つ苦しみがあるんだけれども……。その四つの一つひとつは自然現象なんだよね。そのときにどういう支えを受けられるか、ということが安心感につながると思う。年を取ったり、病気になったりすることはいくら努力していても誰にでもあるんだから。その時に、安心感が得られるかどうかは社会の成熟度に繋がる。そこのところがすごく大事なのに、いまはすべて個人にだけ押し付けられているってことがすごくあって、社会全体でという発想にはならない。

それと、人間は自らの能力の中でとくに競争に勝つという能力を認めてきたと思うんだ。他の人より優れるとか、他の人にできないことができるっていう能力。そこで自分の持っている能力を他の人と分かち合うという能力、他の人たちを豊かにしていく能力というものがもう一方にぁるべきだよね。これからはこの能力が社会を発展、安定させていくためには必要だと思う。

これはエンパワーメントといっていいのか、自分の中にある能力も相手の中にある能力も、共に高め合うという生き方が、これから本当にできないと大変な社会になってしまうと思う。こういったことは気付いた人がどんどん始めていかなければならない。その最初のステップが学校教育であったり、地域社会や家庭だったりするから、そこから変えていかなければならないと思うんです。

## 地域に育てられる専門家

**野本**　社会福祉やボランティアが生まれる前は、小さな共同体ではどうしていたかというと、やはりお互いに助け合っていたと思うんだよね。そうしないと生きていけなかったということがあったから。この共同体が大きくなっていく過程で、支え合いがなくなった。共同体が崩壊してしまったことから、社会福祉という制度が作られたと思う。
ぼくたち社会福祉の専門家がこれから何をしていくかというと、新たな共同体、お互いが支え合っていくという共同体を再生するということだと思います。しかしそれはかつてのような社会ではなく、新たな共同性のある社会だと思います。これは大きいものであるはずはないんですよ。市町村ぐらい、あるいは小学校、中学校単位くらいのものが、あっちにもこっちにもできて協力していくようなものですね。それをサポートすることが社会福祉の専門家としての仕事だと思っています。

地域や学校が変わっていく段階でお手伝いをしていく。それはソーシャルワーカーとして、専門家としてね。でも気が付いたらもう専門家は要らなくなっていた、という感じになっていくといいですね。もしかしたら、ボランティアもそうなんじゃないかと。外から応援に行くこともあるし、地域の中で活動することもあるだろうけれども。目指すところは新たな共同社会を作り上げていく、その最初にあるんじゃないかなと思います。

**阿木**　資格化という問題があります。仕事を細分して、その一部だけを担当するという分業体制の方向に進んでいますけれども、地域社会の中で助け合っていくというときに、別に資格がなくてもお手伝いする、その中で学んでいくということがあると思うんですよね。これからの社会の中を考えたときに、福祉の中では周りにいるごく普通の人々が助け合っていくことで、生きやすくなってくるんではないかと思うんですよね。

**野本**　資格化ということを考えたときに、何かになりたい人が免許や資格を取ってから仕事を始めるということが、どうも逆だっていう気がしています。つまり実際にやっている人が力をつけて、そしてあの人を医者にしたい、看護師にしたいとかってみんなに認められる。そういう力を持った人が、本当の専門家だっていう気がするんですよね。

きっと昔はそうだったですよね。野草でみんなの病気を治すおばあちゃんとか、物知りのおじいちゃんとか、そういう人がいつのまにかお医者さんになったり、村長さんになったりする。それから子どもがすごく好きで、世話をするのがうまい、あの人のところに子どもを預けておくと楽だよとかいう人が学校の先生になったり。

その人が一番やりたいことをやっていると、社会の中で、地域の中で認められていって専門家になると思うんですよね。ところがいまは先に免許をもらっちゃって「先生です」となる。ぼくにはこれがどうも、養成の機関や形としては逆だと思われてならない。いまは学校がすべてやってしまう。この逆転をもっと真剣に考えないといけないと思うんです。どんな先生だって最初から上手い人なんていないんですよ。子どもや親や地域が頑張って「先生に育てていく」んですよ。そういうのが本来の姿だと思いますね。

**阿木**　野本さんはスウェーデンに視察に行かれましたよね。そこから日本の社会福祉の方向とか何か感じましたか。

**野本**　スウェーデンは小地域でもって、福祉や医療がだいたいサポートできるようになっているんです。そしてその地域一つひとつを〝コミューン〟といっているんですが、それは三万人から五万人で保育園から幼稚園、老人のグループまでを持っているんです。そこをコミューンとして管理していくんですね。

そしてノーマライゼーションという考え方があります。つまり普通の生活を誰もができるようにしようということなので、老人や障害者を一か所に集めるということをしない。みんなで一緒に住む。たとえば学校の中にある図書館というのは誰もが使えるとか。つまり交流がごく普通にできるように工夫して作られている。異質な存在が異質として離れているのではなくて、日常の生活の中で出会うという仕組みになっているのね。

『不可視のコミューン』という本を出したときにぼくは、いまは見えないけれどいつかコミューンは見えてくるぞ、と思っていたのがスウェーデンに行ったときに「あ、ここにある」と思ったんですね。

スウェーデンはぼくの中のモデルですよ。ああいうものが日本的な風土の中でどう育つかというのは、もう実際にやらないといけない時期だと思っていて、始めようとしています。ノーマライゼーションみたいなもの、誰もが普通に生活できる空間というものをどう保障していくかというのが中心的な思想ですよね。

もう一つ大きな単位では、ランスティングという県みたいなものもあります。それらは連合なんですよ。共同体同士が一緒になるということは、たいていどっちかがどっちかに吸収されるという、併合になっちゃいますよね。それがそれぞれ独自で連合する。そして協力し合ったり、助け合ったりする。隣同士だけでなくて、遠くの共同体と連携を結んだりもします。ぼくはだから、自由連合だと思っていますよ。コミューンと自由連合を作っていくんですよね。

それからスウェーデンには、基本的にはボランティアがないんです。みんな仕事として位置づけているんです。ただ各国のボランティアを見てて、取り入れようかなということもあるようですけれども。しかしぼくは、ボランティアだけで何かができる、というふうには思っていないんです。もちろん重要な役割を果たすところっていうのもあるんですが、ボランティアだけで全部を賄うってことはとても無理だと思うんです。自発性のものだからできないときもあるでしょう。

食事の介護がしてほしいと頼んでいるのに、もし今日やらないとなったら介護される側は困っちゃいますよね。そういう基本は、安心して生活できるためにちゃんと公的なもので保障しないといけないと思います。ただ話し相手が欲しいとかいったことは、ボランティアでできると思うんですけれども。日本ではいま何でもボランティアでやりましょう、となってきているので恐いなと感じています。

**阿木**　学校教育において、ボランティア活動をして単位取得できるようになるということがあります。そうすると、行きたくないのに行く人が出てきます。もちろんボランティアに行くことにはプラスの面もあるけれども。受け入れ側もその世話をしなくちゃいけない。ボランティアの基本はやはり自発性ですよね。

**野本**　そうですね。ぼくもそこは絶対外しちゃいけないと思っています。だから、学校で全員ボランティアに行きなさいというのは反対なんだよね。ただ学生たちが、自分たちからやりたいと思えるような雰囲気を作ってあげるということは、とても大事なことだよね。ぼくはもし学校で取り入れるとしたら、先生方がボランティアとして活動をするということがなければ無理だと思う。

## 関係することで信頼を得る

**阿木**　最近他の子どもたちと関わることのできない子とか、不得手だという子が増えているような気がするんですよね。ボランティアでは、他者と関わるということが基本にあると思うんです。しかし彼らはなかなかそこのところができない、関わりたがらない、関われないんですね。野本さんは児童相談所での体験から「大人が子どもたちに寄り添う」ということを言われているわけですが、そこはどんなふうに考えていますか。

**野本**　人と関わるということは喜びも大きいですが、同時に苦痛もありますよね。関係が複雑になる、拘束されるということがあるんです。その不自由さ、嫌さ加減を家庭とか学校とかで知ってしまっているんですよね。家では親から、学校では先生から強圧的に押さえ込まれるという関係しか持っていなかったんです。だから楽しいことなんか全然ないんだ。

そういう子どもたちが力が付いてくると、「関係ねぇよ」って言うんですよ。「俺は誰にも迷惑掛けてねぇよ。てめえらなんか関係ねぇよ」。これは彼らの精一杯の抵抗なんですよ。つまり関係をもとうとすると、どんどん自分じゃなくなっていくんですよ。押さえ込まれるんですから。だから関係を切るんですよ。そして子どもたちはいまどこへ行くかっていうと、内的文化の世界ですよ。バーチャルリアリティーの世界で、ものすごく残酷に大人たちを殺してたりしてね。そういった想像の世界で恨みつらみをいっしょくたにして、遊んでいるんですよ。そういう状況です。ただそんな中で楽しい友だちの関係もできてくる。気の合う人とか、いいなっていう友人がね。しかしその友人関係のつくり方もわからないのではないでしょうか。子どもたちが見ているモデルは親や先生たちだから、ちょっと関係ができると親や先生のように支配したくなるんです。ちょっと力の強い子は弱い子を使い走りにしたり、力で言うことをきかせることになるんです。自分の支配下にそういう相手をどれだけおけるかが大事になってくる。それでもどうにもならないと、物を壊したり、動物をいじめたりということになってしまうんです。

ぼくはほとんどの子どもたちが今そうなっていると思います。いろんなことが起こったり、学校に行かなくなっちゃったりというのは、精一杯の抵抗だと思いますね。ギリギリの中で、そうせざるを得ないところまで追い込まれちゃったんじゃないかと思っています。

これをそう簡単に立ち直らせるということは難しいと思うんですが、もしできるとすればそれは信頼関係を取り戻すことじゃないかと思います。関係ってこんなにいいものだよ、って。これは大人たちが作ってしまった関係だから、やっぱり大人たちが取り戻さなくちゃいけないと思います。

ぼくが児童相談所で会った子どもたちは、だいたい大人を信用してないです。大人っていうのは絶対、勝手に自分たちを利用したり、騙したり嘘を教えたり強圧的になったりすると思っていますね。すごく頑ですよ。子どもと信頼を取り戻すのはすごく時間がかかります。

たとえば児童相談所時代にボヤを起こした子たちがいてね、その子たちはずっとぼくには会ってくれなかったんです。彼らの溜まり場にぼくはバナナとかね自己紹介とかを置いてきていたんですが、全然姿を見せない。隠れちゃうんですよね。しかし、あるときボヤを起こしましてね、近所の人たちがこいつらを警察に連れて行けとかっていうときに、ぼくがたまたま通りかかった。ぼくは彼らを見たことないんだけれども、彼らはいつも見ていたのね。だから「野本っ、野本っ」って呼ぶのね、「俺たち捕まっちゃうよ」って。だから慌てて飛んでいったらそんなことでね。「私が指導していますので」と言って、任せてもらった。

「ぼくたちどうしたらいいんだろう」って言うから、「まず近所の人たちに謝らないといけないよ、そうじゃなかったらここにはいれないよ」とか、勉強したいって言うから勉強見てやったりして。一人ひとり話を聞きながら応援していくんだよね。手間暇かかるよね。でもそこでそんなに悪い人ばかりじゃないんだよって、少しでも信頼感が回復すればと思うから、いろいろ関わりを持っていくんです。ぼくなんかは彼らのところでぐうぐう寝ちゃったりするんですよ。そうすると安心してくれるんだよ。

ぼくがいま切実に取り戻さなくちゃいけないと思っていることに、マズローの欲求五段階説というのがある。人間はこういう欲求ができたときに、安心して人間らしく生きることができるようになるというものです。まず基本的な欲求、生理的欲求が満たされることがあって、二つめは安心の欲求、これはありのままの自分でいいということだよね。かっこつけなくてもいい、勉強できなくてもいい、というような。三つめは所属欲求、自分が一人ぼっちじゃないということ。そして四つめは承認欲求（必要とされる、役割がある）という欲求です。そうすると人間は安心して自己実現ができるという説です。

子どもたちは安心すると話をしたがる、それが止まらなくなっちゃう子がいる。夢中で、嬉しくなって次から次へと話し始める。この「話し」は、実は「放し」なんだよね。解き放すということで、悲しいことや辛いことを放すことで自分が軽くなれる、ということがある。それで喜びはどうかっていうと、話すことで相手が喜んでくれれば二倍になる。大勢が喜んでくれれば、それだけ大きくなるんだよね。自分のことを話すことで悲しみや怒りが癒され、喜びは大きくなる。

しかし、もっと重い子もいるんですよ。「離す」という子たち。自分がどうしても言えない問題、辛くて哀しくて、人を傷付けちゃったとか、盗みのこととか……。誰かをまた傷つけるんじゃないか、自分は同じことをまたやってしまうんじゃないかってトラウマになっている。でも、そういった子どもたちが自分のことを話し始めると、たいてい「泣く」んだ。おいおい、絞り出すみたいに泣くんだよね。号泣っていうか……。泣くってことはすごいよね。水によって自立するって書くよね。涙を流すことによって自分のいろんな物を洗い流すことができて、元気になってくる。そして歩き始めることができるから。

**阿木**　解き放つ場所が、なかなかないっていうことがあるんでしょうね。一番いいのは家庭にそういう場所があることですが、それがなかなかできないとなると、せめて地域社会とか学校とかが変わらなければいけないんじゃないかと。

**野本**　ぼくもそれがとても大切なことだと思ってて、地域の中にそういう場所をたくさん作りたいと始めているんですけれども。大きなところではなかなかできないんで、自分の身近な生活の中に作りたいと思っているんですよね。

**阿木**　話を聞いてもらえる、ということは大きいでしょう。コスモにも、話したいけれども、他の生徒にはなかなか聞いてもらえず無視されちゃう、でも喋りたいA君がいます。あるときその生徒が資料を用意してきたんですよ。三人の女子生徒、五人の男子生徒が参加して、彼のレポートの後、だんだん意見が出てきたんですよ。彼がすごく嬉しかったっていうから、何がと聞いたらね、「ぼくが話し終えたときに席を立つ人がいなかった」っていうんですよ。

**野本**　嬉しかったでしょうね。話しに「合い」をつけて、「話し合い」にするとまたすごく嬉しいですよね。ゼミでも話を聞いてると、こちらも刺激されて喋りたくなるんですよ。みんなが話すと自分がこんなこと思っていたんだということも出てくるし、そうするとその空間がすごく豊かになるんだよね。五人で話をしていると五人分の新しい世界ができてくる。

話をする、話し合いをするとか、聞いてもらうという関係がものすごく大事ですよね。ボランティアというのも、どっかにこれがあると思いますよ。話を聞くと同時に、自分の話を聞いてもらうというかね。それについて意見を返してもらう、ということですね。

## 「できない」と認めること、「自立する」ということ

**野本**　ボランティアっていうことを考えるときにね、ぼくもいつもする側のことばかりを考えて、こうしたらいいんじゃないか、とかあれもしようとか考えるけれども、実は応援してもらう側の役割というのが、本当はとても大事なんですよ。自分が全然望んでいないことを一生懸命されたりする。そういうときにはやっぱり言わなきゃだめだし、そのときの頼み方がいろいろあると思うんだよね。

ものすごく大事なことですけれども、ぼくらも身体的に不自由になったとき、はたして自分のことがうまく頼めるだろうかって思います。とくに日本の風習には遠慮とか恥とかが根強くあって、自分のことができないのは恥だという感がありますよね。だから、他の人ができないと笑ったり、批判したりする。しかしできないことっていうのは、実はみんなあるんですよ。

ゼミで自立について話し合ったとき、ご飯を作る、お金を稼いで生活するなど自分のことが全部できることが自立だという話になったんです。それが自立なんだってみんなが思った。そのときに、目の不自由な学生が「あの、私、目が不自由なんですけれども、目が不自由であるってことは変えられない。どんなに頑張っても目が見えないんです。何かができない人は、自立できないんでしょうか。私は自立できませんか」って言ったんです。

それでこのテーマで、一年くらいみんなで考えました。そこから、できないことがあったときにどんなに辛くても、悲しくても「できない」と認識する。しかし「やりたい」と思ったときには人に頼む。人に頼むことができたときにそれが自立なんだ、という結論になったんですね。これはすごいと思った。目の前がぱーっと開けた。だってぼくは自立できていないと思ったから。

やっぱり恥ずかしくて人に聞けないこともあるよね。知ってるようなふりをして、ごまかしたりすることがある。これはあらゆることに言えると思うんだよね。勉強ができない、掛け算ができないとか、でもできないから、教えてくださいってちゃんと頼む。助けてくれる人がいたら私は生きていけるって、その学生は言ったのね。自分ができることを一生懸命やるのは当然、しかしどうしてもできないことがあった場合、辛くても悲しくても自分で認めて、人に頼む勇気っていうか、頼むことができる力があることが自立なんだ、ということになったんだ。

『「弱者」の哲学』（竹内章郎著）という本にはすごく共感しました。自分自身が何でもできる存在だと思うことからは、ボランティア活動っていうのは生まれてこないんですよ。弱点を知ったからこそ、人間は助け合わなければ生きていけないんだ、ということが実感できるということですよね。そこを大概は押し殺して、そんなことはないはずだ、と思い込んでいるから人に対して「この人はかわいそうな人だからやってあげるんだ」とかいう気持ちになってしまうんだよね。

もしボランティアの哲学ということがあるとすれば、人間のもっと深い部分から、人間の存在そのものや生きることそのものから、問い直してみるということが必要なんじゃないかな。いまはでも過渡期でしょう。それを制度の中に乗せ始めているから、阪神・淡路大震災のときのような「ぼくにも役割があるんだ」というような感動とかが薄れていくよね。そして一時期のブームは去って、やる人が少なくなっていくよね、これからはきっと。それか、お金を貰ってするとかね。そういうこととは次元が違うことなんだけれど、そっちの方向に向かってしまうと思うんだよね、流れとしてはね。

本当はもう一回自分を見詰め直してみることとか、何が本当にやりたいことなのかとかを考える作業と同時に、ボランティア活動というものがあると思うんだけれどね。もう少し中身をやらないといけない。

## 相性が合う、合わないということ

**野本**　相性というとき、そこにはまず関係性があるんだよね。いつも出会っている人に何かしてあげたい、何かできるかなという思いが最初にあるわけだからね。ボランティアしたいと出かけていくというのは、どこか強制的なものがあるよね。そこで何かしなさいという。

しかしそうではなくて、とりあえず行ってみて「何かできたらやってあげてくれる?」というのをぼくはよくやるんですよ。そうすると「やれる」とか「意外にできるじゃん」とかいう人も出てくる。できないときには「できない」ということを認めることなんですよ。それをなぜだろうって考えるってことです。誰とだって仲良くなれるというのは嘘ですね。

それとボランティアの関係をあまりにも一対一に考えすぎているよね。相性が合わない人がいれば合う人を探してあげるということもボランティアセンターの仕事としてはあるんですよね。

かつて、地域共同体には、村を一つにまとめていくために、大人になることはどういうことなのかという課題があったんですよ。ある年齢に達すると共同生活をしながらそのことを学んでいくんです。大人になるための条件として、一人前になるということがありました。それはだいたい三つくらいあって、仕事が一人前にできる。次の世代を養える、残せる。そして人と付き合える、ということでした。

どんなに嫌でも「俺はもう嫌だ、出ていく」と言ってしまったら村は成り立たないですから、これは非常に大事なことだったんですね。年代の違う人たち、異性、文化の違う人たちと、どう話し合うかということを徹底的に教えたんですね。どうしても合わない人とは一定期間会わずにおきましょう、ということも含めてね。そこで失敗もして、でもその失敗で人間的に練れていくということもあります。

初めっから上手くいくってことはないかもしれない、でも一緒にやっていくうちに慣れてくるかもしれない。嫌なら嫌なりに一致点を見つけていくということもあるでしょうし。そこまでの調節はやっぱり必要になってくるよね。

それから、学生たちは、ぼくがやろうっていうことでも、やらないこともあるんですよ。何でかなって思っていたんですけれどもね。たとえば、待ち合わせで時間よりちょっと前に行っちゃったときにどうします。人が大勢いる中で待ってますか。大概はその場所を外れるんですよ。そして見えるところで待っている。遅れてきた人が来た時に「おお」って出て行くんです。それはなぜかっていうと、他人の前に身を曝していることが非常に苦痛なんですね。いつも自分は狙撃兵で、人を見られる立場に置いておきたいんです。みんなの前に曝したくない、前に出ていって身を曝したくない。

ボランティアしませんかっていうときも、それに近いようなものだったらもうやらないんです。だから最初に動きだす学生というのは、すごく勇気がいるんですね。他の人たちを見ていて大勢が動きだしたら自分もそれに乗っかる、という雰囲気をみんな持っちゃっているんだよね。

**阿木**　人の意識というのは時代、社会の変化や雰囲気とともに変化します。いま一〇代の人たちは、目立たないようにというのがあるんじゃないですかね。勉強のことではちょっとは目立っていいんだけれども、それ以外のことは、みんなと同じくらいがいい。そこでひとり手を挙げて何かするっていうことは珍しいということですね。

**野本**　そういう雰囲気が蔓延しているからね。そこで自分が思っていることを言うとか、行動するっていう人が出てくるといいと思うよね。

ぼくは何にしても、子どもたちだけに期待するということではいけないと思っていて、大人たちぼくたちの世代が本当に思っていることをきちんと行動し発言していく、ということがとても大切だと思っています。ボランティアも、いいことだって思えば自分たちがきちんと率先して行動していかなければ、時代の中に定着しないと思いますね。

**阿木**　大人がごく自然に率先してやると、子どもたちもそれを見て「ああ、こういう生き方もいいな」と思うんじゃないのかな。

**野本**　他者と関わるということでは「共に生きる」は重要な要素だけれども、豊かになる、楽しいということだけではなくて、その人の持っている痛みとか悲しみとかをも共有するということがあるんですよね。どうもそこが軽んじられているような気がするんですね。

いいことばっかりじゃないから。悲しみや辛さっていうのは生きていく上では必然で、誰でも持っていると思うんですよね。そこを共有するということが人間を豊かにするもう一つの要因、というかむしろ根っこだと思うんだよね。人間は有限なものだし、悲しい体験をするんだから。実は人間を強くしたり、励ましたりすることっていうのは、その痛みや悲しみを持っていることを共感することだと思うんだよね。

## ボランティアセンターの役割

**阿木**　制度を批判するだけじゃなくて、それぞれの生活の中でできることを、もう少ししていかないといけないと思いますね。各地でさまざまな形のボランティアを大人から始めることで、子どもたちはそれを見ていて自分に合ったものを選択していく。

**野本**　実現していくためには、地域の中でボランティアの人たちの需給関係を調節してもらうことが必要だと思うんですよね。センターとか作っていくっていうのはシステムとして必要だと。つまり、やりたいんだけれど何をしていいかわからないという人たちは絶対いるし、見てもらいたいんだけれどどこに行ったらいいのかわからない、誰かいませんかって……いう人たちも。

それを一対一でやるなんて、こんなエネルギーのいることないよね。ボランティアセンターみたいのが中学校区に一つくらいの範囲で各地にあって、そこにどんどん登録する。そしてボランティアってこんなことですよ、とか、ボランティアでこんな経験をした人がいるよとか討論会をしたりする。そこには子どもとかお母さんとか来ますよね、やってほしいとかいう人も来ると思うし。そこで需給関係の調整をして、お見合いをするんですよね。一度行ってみてやれるかな、とかって。

こういった調整をするところがないと、実はボランティア活動って有効には活きないんですよね。だからボランティアセンターというのが、システムとしてあっていいと思う。そしてそこの職員はコーディネイターとしての役割を果たす、ということですよね。それはどこからか命令されて来たっていうより、その地域で頑張っている人の生活を保障してあげるということが必要ですから。そういう人はボランティア活動だけで生活できるわけないんだから、仕事しながらやっている。でもセンターの仕事だけを頑張ってもらったら、地域がものすごく活性化しますよ。

ボランティアを保障していくということでは、各地域でセンターを作る必要があります。公民館とか学校の中に置いたっていいんですよ。そこに専任の職員が二、三人いて、ボランティア活動を活発にしていく。こういうことをすることがむしろ大事だと思います。いま日本でもあちこちでできていますよ。社会福祉協議会というものがあって、ボランティアセンターも増えてきていますから。

## 草の根的な世の中の変革へ

**野本**　日本では仏教ですよね。もちろんキリスト教も影響は大きくあるわけですけれども。仏教もお互いを支え合うという世界観は持っていますよね。昔は貧しい人は僧侶になりました。僧侶はお説教だけしているわけではなくて、みんなと一緒に橋を作ったり、家を作ったりという作業をしていた。だから、お坊さんというのは本来最もボランティアらしい存在だったといえると思います。

ただ、いまは亡くなった人のことばかり中心で、生きている人たちのことをどうするかということは少なくなってきていますね。曹洞宗などでも仏教の教えをちゃんと生かした活動をしていますけれども。そういう精神は日本にもちゃんとあったと思います。

**阿木**　アジアの中では地域社会の中心はお寺です。日本のように中産階級の生活がここまできたら、物を持つという欲望はある程度ストップがかかってもいい気がします。たとえばアメリカでも中産階級の中から、市民運動とかボランティアとかの運動が起こってきて、生きることの意味や質を求める人が出てきましたね。その面で物欲がある程度満たされたら、今度は質的な変化です。物ではなくて、どういう人間関係をつくっていくか、だと思うんですよね。

しかしこれは大変難しい。良い人間関係をつくるためには付き合わないといけない、失敗もたくさんしなくてはいけない。そうしたものは、一つの家庭の中だけでは築けないことだとも思うんです。地域社会の中で、仕事以外でも他者と付き合っていくってことが生まれてきたときに、変わっていけると思います。そこにいろんなタイプの人が集まるということが、すごく大事なことではないでしょうか。

**野本**　日本の現状でお坊さんに代わる人たちっていうのはね、町内会、自治会の人たちなんですよ。これはすごく気になっていて、まぁ、戦争の時は足元を掬われたということがあったりしたんですけれども、本来からいうとスウェーデンの〝コミューン〟なんですよ。つまりみんなが入っていて、お金を出し合ってどうやっていこうかということでしょう。地域の中で定着している町内会の改革というのが、草の根的な世の中の変革ということで一番重要なことだと思っています。街作りに関係してくるんですよ。

ぼくもいろいろ始めているんですけれども、たとえば地域の消防団ではみんな四〇歳以上の人が中心なんです。いつ入ってもいいんですよ。それなのにそういうことがありますよね。それは消防団なんですけど、祭のときにも駆り出されるし、これはみんなボランティアですよ、でもそれが大好きだったりしてね。

学校を変えようということもやっています。学校を利用して地域の人に話をしてもらったり、地域発行の新聞『ライフネットワーク千秀』というのがもうすぐ出ます。

小学校の学区に住む人たちが、地域の活動に取り組み、新聞をつくったりする。こういったことが面白いという話になれば、あちこちでやるようになる。そしてこれはどこでもできることなんですよ。その中にボランティアをうまく組み込んで、ボランティアセンターなんかも作っていけたらいいなと思っているんですけれども。

**阿木**　そういうふうに地域の中で、とくにボランティアという言葉を使わずに地域を活性化し、楽しくしようという動きが生まれ、そこにいろんな人が関わってくるというのがいいですね。

（『ボランティアパワーの行方―反省的ボランティア論―』より）

## あとがき

本文の初めと終わりに載せた野本さんとぼくの対談は、ひとつが二〇〇九年の六月二八日に横浜で、もうひとつは一九九八年一〇月一七日に早稲田奉仕園において行ったものである。後者は、前著『ボランティア・パワーの行方―反省的ボランティア論―』に掲載した原稿だった。

この一〇年間、さまざまなことがあった。ボランティアをめぐる環境もまたずいぶんと変化を遂げたように思う。一九九五年の「ボランティア・ブーム」、九八年の「NPO法」の成立、そして二〇〇八年秋の「サブプライム・ローン崩壊」に起因する〝リーマンショック〟とその後のグローバル経済の危機的状況である。

不景気と失業者の増大は、若い人たちのボランティア活動に大きな影響を与えている。未曾有の不況下、雇用不安でボランティアどころではない状況にあるといっていい。また、会員の高齢化とともに会員減少の悩みを抱える市民団体、NGOグループも少なくない。

一方で、日本を取り巻く世界の情勢はどうか。二〇〇一年九月一一日の「同時多発テロ事件」、同年一〇月、米軍によるアフガニスタン攻撃、二〇〇三年三月イラク戦争の開戦と続いた。アフガニスタン、イラクでは内戦状態が続いている。ますます混迷化し、テロ事件は止む気配はない。

歴史的にはボランティアの原義は「騎士団」、「十字軍」にさかのぼることができる。「志願兵」（反語はdraft＝徴集兵〉から始まったと言われる。第一次世界大戦後、ボランティア・ワーク・キャンプとして始まった。かつては〈無償性〉〈利他性〉〈自発性〉に基づく活動と言われた。現在では「有償ボランティア」がその定義に加わり、〈先駆性〉〈補完性〉〈自己実現性〉という新しい概念も付加されている。

ボランティア活動は平和で、住みやすい、安心できる社会の建設に貢献するとぼくは考える。平和があってこそのボランティア活動である。「明るく、楽しく、愉快にボランティア」という風潮であるが、思想性やボランティアをする側の姿勢、あり方を問うことも必要でなかろうか。

終章の対談には、こうした「ボランティアの原点」を掘り下げて考えるためのヒントが多く含まれているように思う。時を経て、その意味がより鮮明になっているのではないか。

早稲田奉仕園での対談の後、野本さんは沖縄に移住し、沖縄大学で「子ども文化学科」の設立に関わった。沖縄の離島をまわり、地域社会、学校、子どもたちの状況に関して月一回のペースでインタビュー取材をして来た。その調査の結果、野本さんは仲間たちと「沖縄子どもを守る会」を立ち上げることを決意する。発起人代表の野本さんは設立の目的を次のように語っている。

「沖縄は地縁・血縁の濃い地域といわれており、子どもたちも地域の子どもとしてユイマールの精神のもと、のびのびと育ってきました。しかし近年の社会情勢の変化により、地域共同体は崩壊し、厳しい経済状況の中、児童虐待や深夜はいかい、いじめ問題などの深刻な児童問題が起きています。

にもかかわらず、沖縄の子どもたちを総合的に研究し、また、その研究成果を実践する集まりが実現できない状況にあり、地域での多くの実践が蓄積、共有されにくい状況にありました。

このような現状を鑑み、沖縄の子どもたちと子どもたちを取り巻く環境に関する研究と実践を総合的に行い、沖縄における児童問題の改善に寄与することを目的として、沖縄子ども研究会を開設するために同設立準備会を設立します。」

元々自然に恵まれ、お互いに助け合い、支え合う「ユイマール精神」の伝統を持つ沖縄においても、米軍基地問題、観光開発に伴う自然破壊、地場産業の立ち後れ、本土資本の投入、グローバル経済悪化の波などにより、「生き苦しい状況」がひろがりつつある。

沖縄の子どもたちのこと、地域社会のこと、ボランティアについて考えることは、現在とこれからの日本のボランティア考察に貴重な示唆を与えるにちがいない。序章におさめた対談のあと、そんな確信を持った。

強調したいのは、ボランティア活動のキー・ワードは「平和」、「人権」、「非暴力」、「市民社会へのミッション」であるということなのだ。

本書がボランティア活動に関わる人たち、これから参加しようとしている人たちに少しでも役に立てば幸いである。

二〇一〇年三月一五日

執筆者を代表して　阿木幸男

## 編著者

**阿木幸男**（あき・ゆきお）

1947年生まれ。成蹊大学文学部非常勤講師。立教大学「平和研究ユニット」研究員。「カンボジア教育支援基金」理事。「非暴力平和隊」国際理事。「日本チェルノブイリ連帯基金」理事。1971年以来、“非暴力トレーニング”ファシリテーターを務める。「参加型ワークショップ」手法を紹介する。著書に『世界を変える非暴力』（現代書館）、『ボランティア・パワーの行方』（編著、はる書房）、『非暴力』（現代書館）、『非暴力トレーニングの思想』（論創社）など。翻訳に『現代文明の恐怖』（共訳、岩波書店）、『マルコムX』（現代書館）がある。

## 執筆者

**野本三吉**（のもと・さんきち）

1941年生まれ。〔2010年4月より〕沖縄大学学長。「沖縄子どもを守る会」会員。横浜市内の小学校教員を経て4年余り放浪する。1972年から横浜市寿生活館生活相談員、児童相談所のソーシャルワーカーを務める。1991年、横浜市大教員として社会福祉論を担当。2002年、沖縄大学で教える。「子ども文化学科」所属。著書に『子ども観の戦後史』（現代書館）、『生きる場からの発想』（社会評論社）、『野本三吉ノンフィクション選集（全6巻）』（新宿書房）、『海と島の思想』（現代書館）ほか多数。

**原田燎太郎**（はらだ・りょうたろう）

1980年生まれ。早稲田大学政治経済学部卒業直後の2003年4月、フレンズ国際ワークキャンプ（FIWC）関東委員会中国駐在員（ボランティア）として中国広東省潮州市リンホウ村（ハンセン病快復村）に住み込み、ワークキャンプをコーディネートする。同時に広東省潮州、広州、広西壮族自治区南寧、雲南などの大学にてワークキャンプへの参加を呼びかけ、中国の学生がキャンプに参加しはじめる。ワークキャンプ数の増加に伴い2004年8月、広州にてNGO・JIAを設立する。現在JIAは広東、広西、湖南、湖北、海南で年間約80のキャンプを開催している。

**神谷さだ子**（かみや・さだこ）

1982年から生協、消費者協会の活動に関わる。1992年日本チェルノブイリ連帯基金の活動に参加。1996年より事務局長、現在に至る。著書に『ベラルーシ　大地にかかる虹』（東洋書店）、そのほかドキュメンタリー映画『ナージャの村』『アレクセイと泉』をプロデュース。

**斎藤懸三**（さいとう・けんぞう）

1948年生まれ。1968年FIWC東海委員会に参加。翌69年共同体建設運動を開始し、71年「共同生活体集団わっぱ」を創立。1972年わっぱ共同作業所、84年わっぱん（パン）づくりをスタート。1987年社会福祉法人「共生福祉会」を設立、90年わっぱ企業組合（法人）を設立。1993年生活援助ネットワークを始め、2001年にはなごや職業開拓校をスタート。180人の障害者、健常者の共同労働、共同生活「わっぱ」の中心メンバーとして活動を展開。NPO法人共同連事務局長。NPO法人わっぱの会理事長。

ボランティアの原点――助け合い・支え合い・分かち合う心――
二〇一〇年四月一〇日　初版第一刷発行
編著者　阿木幸男
発行所　株式会社はる書房
〒一〇一-〇〇五一　東京都千代田区神田神保町一-四四駿河台ビル
電話・〇三-三二九三-八五四九　FAX・〇三-三二九三-八五五八
http://www.harushobo.jp/
装　幀　株式会社ジオン　グラフィック
組　版　有限会社シナプス
印刷・製本　中央精版印刷

ISBN 978-4-89984-112-8　C 0036

●好評既刊●

# 1年間の ボランティア

## そんな人生の寄り道もある ―V365 若者たちの物語

三原　聡 著／
社団法人日本青年奉仕協会（JYVA）協力

四六判並製・370頁・本体1,700円　ISBN978-4-89984-101-2

## 生きる手ごたえと、自分らしさを求める若者へのメッセージ

「ほんとうに大切なことは、小さな声で語られる。三原さんはそれをよく知っている。だから、こんなにも丁寧で優しいノンフィクションができあがった。
１年間のボランティア体験によって変わった自分、変わらなかった自分、いままでの自分、これからの自分……若者たちの言葉を聞き取る20代の若き書き手は、彼らとともに、社会の中で生きることへのささやかな讃歌をそっと歌っているのだ。」

――重松清氏絶賛 !!